BOUTIQUES

PAR

AUGUSTE LEPAGE

THÉODORE OLMER, LIBRAIRE-ÉDITEUR

A LA MÊME LIBRAIRIE

		fr. c.
HIPPOLYTE AUDEVAL :	La Grande ville	3 »»
CHARLES BUET :	Le Crime de Maltaverne	3 »»
—	L'Honneur du nom	3 »»
—	Philippe-Monsieur.............	3 »»
—	Le maréchal de Montmayeur ..	3 »»
—	La Dame Noire de Myans	2 »»
HENRI CANTEL :	Le Roi Polycarpe	3 »»
CLAIRE DE CHANDENEUX :	Les Terreurs de lady Suzanne .	3 »»
—	Val-Régis la Grande...........	3 »»
—	Vaisseaux brûlés...............	3 »»
A. DE CHAUVIGNÉ :	Recueil dramatique à l'usage des Réunions de jeunes gens.	3 50
LOUIS COLLAS :	Jean Bresson	3 »»
CHARLES DUBOIS :	Sophie	3 »»
G. D'ELSTEIN :	L'Alsace-Lorraine sous la domination allemande	3 50
MARIE MARÉCHAL :	Marcelle Dayre................	3 »»
—	Mademoiselle de Charmeilles ..	3 »»
ALFRED SÉGUIN :	Théâtre de jeunes gens	3 50
FÉLIX DE SERVAN :	Les Aventures du roi Louis....	3 »»
A. RASTOUL :	Histoire populaire de la Révolution française	3 50
E. VEUILLOT :	Critiques et Croquis...........	3 50
THÉRÈSE-ALPHONSE KARR	Souvenirs d'hier et d'autrefois.	2 »»

991. — Abbeville. — Typ. et stér. Gustave Retaux.

LES
BOUTIQUES D'ESPRIT

991. — ABBEVILLE. — TYP. ET STÉR. GUSTAVE RETAUX.

LES
BOUTIQUES
D'ESPRIT

PAR

AUGUSTE LEPAGE

PARIS
THÉODORE OLMER, LIBRAIRE-ÉDITEUR
53, RUE BONAPARTE, 53
—
1879

I

CONSIDÉRATIONS GÉNÉRALES.

Les journaux français et anglais.

La presse parisienne ne ressemble en rien à la presse anglaise. A Londres, les journaux politiques sont relativement peu nombreux parce que le public est plus exigeant en Angleterre qu'en France. De l'autre côté du détroit on ne lirait point un journal dont les correspondances de Pékin, Paris ou Constantinople seraient faites à Londres grâce à un démarquage plus ou moins habile des feuilles étrangères. Tous les grands journaux anglais ont partout des correspondants largement rémunérés qui envoient, soit par lettres, soit par télégrammes, les nouvelles qu'ils peuvent recueillir.

A Londres, la presse est dans une situation florissante ; à Paris, elle végète, se traine péniblement. Trop de directeurs de journaux veulent faire avaler à leur public de vieilles nouvelles, de mauvais romans, mais le lecteur n'est pas dupe de cette finasserie et laisse dans les kiosques et chez les marchands ces feuilles si bien renseignées. Le vieux dicton : *qui veut la fin doit employer les moyens*, peut s'appliquer aux organes de publicité. On veut vendre à grand nombre un journal, il faut le rendre intéressant ; le *Temps*, qui s'est fait une si belle place parmi les organes politiques, a dépensé beaucoup d'argent pour se créer un public, il en dépense beaucoup pour garder ses lecteurs. C'est le seul journal français qui ait eu un correspondant à la suite du prince de Galles (1), lorsque le futur souverain de l'Inde alla visiter son immense empire asiatique. Imitant

---

1. En 1876.

en cela les journaux anglais et américains, dès qu'un événement quelconque attire l'attention générale, le *Temps* envoie immédiatement un de ses collaborateurs sur les lieux.

En France, non-seulement chaque parti, mais chaque fraction de parti a un journal. Les députés et les sénateurs un peu en relief veulent être les inspirateurs de feuilles à leur dévotion. Aussi, quand la première mise de fonds a disparu, que l'acheteur s'est montré rebelle, que le négociant a refusé ses annonces, il se passe derrière la toile les scènes les plus étranges. L'imprimeur et le marchand de papiers arrêtent tout crédit ; il faut soulever des montagnes pour arriver à les contenter. Quant à la rédaction et aux employés, on ne s'en occupe pas. Lorsque le journal sombre, ils ne sont point payés et ont fort peu de chance de l'être plus tard.

II

RENSEIGNEMENTS FOURNIS AUX JOURNAUX PAR LA PRÉFECTURE DE POLICE ET LE MINISTÈRE DE L'INTÉRIEUR.

Les journaux de Paris, pour les faits divers, envoient un rédacteur à la préfecture de police copier dans les rapports des officiers de paix et des commissaires de police ce qui leur paraît intéressant : incendies, vols, assassinats, adultères, accidents, etc. Naturellement on ne communique que ce qu'on veut. Des employés de la préfecture se sont quelquefois chargés de ce travail de dépouillement : les lignes qu'ils fournissent ainsi aux journaux augmentent sensiblement leurs appointements.

Les rapports arrivent quatre fois par jour à la préfecture de police, les différentes pièces sont attachées ensemble avec un fil rouge, et mises à la disposition des reporters.

*
**

Au ministère de l'Intérieur une pièce a été affectée aux journalistes. De une heure à deux heures et demie un des secrétaires de la direction de la presse leur communique soit verbalement, soit par des notes écrites, les nouvelles qui sont arrivées des autres ministères.

La situation de directeur de la presse est très-délicate, et fort peu de titulaires ont su se rendre sympathiques, même à leurs coréligionnaires politiques. Depuis 1871 ce poste a été occupé par M. Derrien, qui n'a laissé que d'excellents souvenirs ; il a été nommé directeur des Quinze-Vingts (1). Il se repose dans l'ancien hôtel des mousquetaires des ennuis de la politique. C'est

1. M. Derrien a été remplacé au mois d'octobre 1878 par l'ancien administrateur de la *Petite République française.*

un écrivain de talent qui a signé longtemps des chroniques du pseudonyme de Pierre Chantenay. M. Derrien eut pour successeur M. Henri Fouquier, ancien rédacteur de *l'Avenir National*, secrétaire général de la préfecture des Bouches-du-Rhône sous la présidence de M. Thiers. M. Fouquier est un véritable écrivain et il est fort probable que malgré ses velléités de réoccuper une situation administrative — préfecture ou autre — il restera dans le journalisme.

M. Auguste Léo, rédacteur des *Débats*, souleva quelques protestations, mais son passage à la presse n'a laissé aucun souvenir. Il ne donnait de nouvelles qu'à quelques familiers. M. Hector Pessard arriva avec M. de Marcère. Il organisa le service des renseignements, et se mit dans la mesure la plus large à la disposition des journalistes, sans camaraderie et sans esprit de parti. Aussi, lorsqu'il fut décoré, chacun se montra enchanté de cette récompense si justement accordée autant à l'écrivain de talent qu'au fonctionnaire intelligent.

M. Pessard se retira lorsque M. Jules Simon arriva à la présidence du conseil. M. Massicault lui succéda. Ce nouveau titulaire, ancien pion, devenu journaliste à Bordeaux, avait été préfet de la Haute-Vienne après le 4 septembre. Ce fut pendant son administration que périt assassiné le colonel de cuirassiers Billet qui, après avoir échappé aux projectiles prussiens à la fameuse charge de Reischoffen, devait-être tué par une balle française. M. Massicault fut destitué. Il vint à Paris, écrivit au *Siècle*, à la *Presse* et obtint la place de M. Pessard. M. Jules Simon ne pouvait faire un choix plus mauvais : M. Pessard était distingué et spirituel, son successeur avait des manières vulgaires et manquait absolument d'esprit. Qu'on s'imagine un charretier introducteur des ambassadeurs, et l'on aura une idée de la distinction du titulaire de la direction de la presse. Du reste, M. Massicault n'oubliait pas ses petits intérêts, et rédigeait au *Bulletin Français*, moyennant quatre cents francs par mois, le courrier des tribunaux.

Les ennemis les plus acharnés du directeur de la presse furent les journalistes républicains ; mais il laissait dire et écrire et gardait sa place. Il disparut après le 16 mai, puis le ministère du 14 décembre le fit préfet de la Haute-Vienne. Il fut reçu dans son ancien chef-lieu de préfecture très-froidement, et le président du conseil général lui dit en public de dures vérités. M. Massicault avala tout, il était préfet.

M. Léon Lavedan prit la direction de la presse après le 16 mai. Jamais les journalistes ne le virent. Toujours renfermé dans son cabinet, il ne s'occupait que du fameux *Bulletin des Communes*, où il épanchait sa bile, et ne recevait que les rédacteurs du *Français*. Le gouvernement n'eut pas la main heureuse en confiant à M. Lavedan le poste si délicat de directeur de la presse. Il s'était montré à Nantes préfet incapable; on devait le mettre à l'écart, mais il voulait une position officielle bien en relief et mit tout en œuvre pour l'obtenir. Le parti républicain lui doit beaucoup et ne saurait trop le remercier des services qu'il lui a rendus. C'est M. Lavedan qui fut la première cause de l'évolution si brusque du *Constitutionnel*. Ce journal ultra-conservateur fit une guerre acharnée au ministère; ses articles reproduits par tous les organes républicains de Paris et des départements exercèrent sur l'opinion une influence énorme, et aux élections du 14 octobre le ministère fut battu, quoique M. Lavedan, toujours content de lui, comptât sur une victoire.

Racontons en quelques lignes le point de départ de la querelle. M. Gibiat, directeur du *Constitutionnel*, est le compatriote de M. de Fourtou. Quand ce dernier fut nommé ministre de l'Intérieur — après le 16 mai — M. Gibiat le vit, reçut de lui le discours qu'il devait prononcer le lendemain devant le personnel du ministère. Pour n'importe quel journal cette pièce était une primeur ; paraissant dans le *Constitutionnel*, elle en faisait un appui au lieu d'un ennemi. Mais M. de Fourtou avait compté sans M. Lavedan. Le directeur de la presse n'avait pas renoncé au journalisme. Il touchait de l'État ses appointements et des journaux le prix de ses articles. Il se rendit au *Constitutionnel* et redemanda, *au nom du ministre*, le manuscrit remis à M. Gibiat. Celui-ci rendit la prose de M. de Fourtou, qui était le lendemain imprimée dans un autre journal. Disons que M. de Fourtou ignorait la démarche de son subordonné et qu'il ne l'avait chargé de réclamer quoi que ce fût.

M. Lavedan ne s'occupait pas du ministre de l'Intérieur et ne rendait compte de ses actes qu'à M. le duc de Broglie, président du conseil.

Parmi les secrétaires de la direction de la presse

à cette époque, presque tous étaient intelligents et comprenaient l'importance et la délicatesse de leur situation. Un seul faisait ombre au tableau, c'était M. Oscar Havard, qui signait comme gérant une correspondance autographiée, rédigée au ministère de l'Intérieur et adressée aux journaux conservateurs des départements. M. Havard avait écrit au journal le *Monde*, où il se montrait ultra-catholique; après le *Monde*, il avait fait un passage très-court au *Français*, puis M. Victor Tissot, qui envoyait au *Salut Public* de Lyon une correspondance de Versailles, la céda à l'écrivain catholique, qui la signa du pseudonyme de H. de la Montagne. Plusieurs journaux espagnols reçoivent aussi la prose de M. Havard, mais ces feuilles sont absolument inconnues; aussi c'est avec un ahurissement profond que tous les ans, dans les premiers jours de décembre, les éditeurs de Paris reçoivent une lettre leur demandant à chacun leurs plus beaux volumes d'étrennes en échange de la publicité du *Corriero del Guadalquivir*, du *Bulletino de Batignolas* et autres organes aussi sérieux. Naturellement on ne répond jamais à ces épîtres, mais leur auteur ne se rebute pas. Son entêtement mériterait pourtant quelque pitié.

Un jour M. Havard déjeunait — ou dînait — avec M. Péru, directeur du *Salut public*. Voulant étonner le journaliste lyonnais, après le repas il se trompa de pardessus, prit celui de M. Péru et sortit. M. Péru, quelques minutes après, endossait le vêtement de M. Havard, croyant que c'était le sien. Mettant la main dans une poche, il y trouva un livre, c'était l'*Imitation de Jésus-Christ* en grec. Il s'aperçut alors qu'il s'était trompé de paletot et qu'il avait celui de son corréspondant. Il se dit tout d'abord que son rédacteur était très-fort, puis il se douta que l'erreur de vêtement avait été volontaire de la part de M. Havard, qui n'eût pas été fâché de faire croire que le grec était sa lecture favorite lorsqu'il voyage.

Dans la *Périchole*, on grandit parce qu'on est espagnol ; si écrire dans les feuilles de la Péninsule aboutit au même résultat, M. Havard grandira. En politique il se dit gambettiste catholique ! Il a été aussi rédacteur principal de la *Lumière*.

Un autre secrétaire de M. Lavedan était M. Henri Cochin, fils de M. Augustin Cochin. Homme du monde, instruit, prévenant, M. Henri Cochin porte dignement un nom fort connu ; il possède les qualités de cœur et d'esprit qui ont illustré son grand-père et son père. Il se retira le lendemain des élections du 14 octobre. Citons encore M. Frédéric de Fry, devenu rédacteur en chef de l'*Écho de l'Est*, et M. le baron de Chéon, auteur d'une brochure très-intéressante sur l'île de Chypre.

Après la démission du cabinet de Broglie, M. Lavedan rentra dans la vie privée et fut remplacé par M. Villetard, ancien rédacteur des *Débats* et alors directeur du *Journal officiel*. Mais malgré son intelligence, M. Villetard ne pouvait réparer les maladresses commises par son prédécesseur ; le 14 décembre le ministère Dufaure reprenait le pouvoir, M. de Marcère rentrait à l'Intérieur et ramenait avec lui M. Hector Pessard, qui, au mois de mai 1878, se retirait. On donna son poste à M. Anatole de la Forge, ancien diplomate, journaliste, préfet après le 4 septembre, qui se battit bravement lorsque les Allemands pénétrèrent dans le département qu'il administrait.

.·.

Lorsque des élections de conseillers généraux, de députés ou de sénateurs ont lieu, les résultats des votes sont communiqués aux journaux par le ministère de l'Intérieur. Chaque feuille envoie un rédacteur. Quelquefois, lorsqu'il s'agit d'élections importantes, le ministère et ses environs présentent, de dix heures du soir à une heure du matin, le spectacle le plus animé. Dans la rue ce sont les badauds et les politiqueurs à outrance qui arrêtent les journalistes au passage et demandent les noms et les opinions des candidats et le nombre de voix qu'ils ont obtenues. C'est un va-et-vient continuel de voitures de la rue Cambacérès aux bureaux des journaux.

Dans la pièce où sont rangés autour d'une table les journalistes, les conversations sont des plus vives. Qu'on ne croie point pourtant que l'on se dispute sur tel ou tel candidat. La politique est absolument étrangère à ces discussions. Le ministère fournit de la bière, du cognac, des cigares; on fume, on boit et on cause, en attendant les télégrammes.

Il y a parmi les journalistes des enragés qui passeraient la nuit entière si les garçons de bureau n'éteignaient point les lumières. M. Amédée Blondeau, rédacteur du *Rappel*, proteste toujours quand on vient annoncer qu'aucune nouvelle ne viendra plus et qu'il faut se décider à partir. Ses confrères ne se font pas tant prier.

III

LA DIVISION DE LA PRESSE AU MINISTÈRE DE L'INTÉRIEUR.

A côté du directeur de la presse qui change avec le ministère, il y a le service de la presse dont le personnel est à peu près inamovible. Cette situation est du reste indispensable, parce qu'il faut des hommes au courant du service pour donner au ministre de l'Intérieur et au titulaire de la direction de la presse les renseignements dont ils ont besoin tous les jours.

La division de la presse forme quatre bureaux ayant chacun leurs attributions.

Le premier bureau est chargé de faire appliquer

les lois sur la presse; le colportage et les archives en dépendent.

Dans le deuxième bureau se fait la lecture des journaux dont un résumé est communiqué au ministre.

Le troisième bureau a la presse départementale et étrangère.

Le quatrième bureau a pour spécialité l'imprimerie et la librairie, les dessins, estampes et exécutions des traités littéraires internationaux.

Les titulaires de ces bureaux sont MM. Sirouy, Carle, Planès.

Disons quelques mots sur l'estampille, à propos des livres. Chaque ouvrage est remis en double exemplaire à la direction de la presse ; un lecteur est chargé de faire un rapport et l'estampille est accordée ou refusée. La lenteur apportée par les employés, à la lecture des livres, peut nuire à l'éditeur qui est quelquefois deux mois avant d'avoir une réponse. Cette indolence administrative grève les intérêts de l'auteur et du libraire, l'estampille arrivant presque toujours quand l'édition est à peu près épuisée ; fort souvent on n'en fait point une nouvelle, l'éditeur ayant d'autres volumes sous presse, et quelquefois l'actualité a disparu.

Le directeur de la presse ne saurait trop stimuler ses employés chargés de la lecture de faire promptement leurs rapports; de cette façon, auteurs et éditeurs sont fixés et n'ont pas à faire dix ou quinze fois le voyage de la rue Cambacérès pour toujours entendre la même réponse banale :

— Le rapport ne nous est pas encore arrivé !

IV

LES JOURNAUX.

L'Officiel.

Le directeur de l'*Officiel* change, sauf des exceptions très-rares, avec le ministère. Comme rédacteur, il reçoit des *variétés*, des traductions de journaux étrangers, des faits divers, et surveille l'insertion des actes officiels, des débats des Chambres. Les députés et les sénateurs qui ont parlé à la séance revoient leurs épreuves et modifient ou changent complètement le travail des sténographes. Ils *refont* leurs discours, au grand désespoir des compositeurs.

Après avoir été entre les mains des familles Panckouke et Dalloz jusqu'en 1869, le journal officiel fut retiré à M. Paul Dalloz et le gouvernement créa la feuille qui existe aujourd'hui. On construisit pour l'*Officiel* nouveau un hôtel sur le quai Voltaire, presque en face du Pont-Royal, et la direction et l'administration s'y installèrent. M. Wittersheim, gérant, surveille l'exécution matérielle du journal. C'est un homme aimable, et d'un caractère ferme sous des formes très-douces. Il ne se mêle point de la rédaction, mais en revanche il ne permet point à celle-ci de s'occuper de son travail.

Les directeurs de l'*Officiel* depuis la Commune ont été : M. A. Kœmpfen, écrivain de talent qui n'a laissé que d'excellents souvenirs. Il a longtemps collaboré au *Temps* et rédigé la chronique hebdomadaire de l'*Illustration* sous le pseudonyme de X. Feyrnet.

Après le 24 mai 1873, M. Ernest Daudet fut placé à la tête de l'*Officiel* par le duc de Broglie. Il resta à son poste sous le ministère Buffet et se retira en 1876 quand le ministère Dufaure prit le pouvoir. Il eut pour successeur M. Henri Aron, rédacteur des *Débats*, qui, après le 16 mai, quitta l'hôtel du quai Voltaire et céda son fauteuil directorial à M. E. Villetard, son ancien collaborateur aux *Débats*. Quand fut formé le ministère du 14 décembre 1877, M. Aron rentra à l'*Officiel*; mais bien qu'il conservât le titre de directeur, ses attributions furent très-amoindries. Parmi les rédacteurs de l'*Officiel* nous citerons : M. Alphonse Daudet, chargé de la critique théâtrale. Sa réputation comme romancier est grande et méritée. M. Emile Bergerat s'occupe des beaux-arts. L'habitude d'écrire toujours sur le même sujet lui a donné certaines connaissances spéciales; on n'éprouvera jamais le besoin de posséder la collection de ses articles sur les artistes. M. Bergerat est un peu poète — cela ne gêne personne —; il a essayé du théâtre. Son beau-père, Théophile Gautier, n'avait aucune confiance dans sa valeur littéraire, M. Emile Bergerat a justifié les prévisions de l'illustre auteur d'*Emaux et Camées*, c'est d'un bon gendre.

M. Edouard Drumont fournit des variétés ; M. Eugène Gauthier, professeur au Conservatoire, s'occupait de la musique. Homme d'esprit, écrivain de talent, à force de se montrer impitoyable dans ses critiques il s'était créé des ennemis partout. Aussi quand son opéra, la *Clef d'Or*, tomba à plat au Théâtre Lyrique, personne ne soutint le malheureux compositeur qui fut très-frappé de l'hostilité qu'il rencontra presque partout. Il mourut peu de temps après.

M. Ferdinand Delaunay fait les comptes rendus des séances de l'académie des sciences; M. le docteur Bouchut s'occupe des questions médicales.

Mme Judith Mendés, fille de M. Théophile Gautier, écrit à l'*Officiel* sous le pseudonyme de Chaulnes. L'écrivain qui signe Louis Reymond n'est autre que M. Ernest Daudet.

Les trois secrétaires de la rédaction de l'*Officiel* sont MM. de Sacy, Emile Chédieu et Bertholon.

Le *Bulletin Français* — ou *Petit officiel* — a eu pour rédacteurs M. J. Cornély qui suivit M. Daudet dans sa retraite, écrivit à l'*Estafette*, journal créé par M. de Villemessant, et entra au *Figaro* quand l'*Estafette* eut été achetée par M. Léonce Détroyat. Un jeune avocat, M. Baugier, succéda à M. Cornély; il partit avec M. Aron. Le chroniqueur du *Bulletin Français*, Grimaud, est formé de deux personnalités : M. Armand Silvestre, poëte de talent et auteur dramatique joué avec succès, et M. René Delorme, qui a publié des nouvelles et des romans fort intéressants. M. Delorme écrit aussi au *Musée pour tous*, splendide publication artistique fondée par M. Ludovic Baschet et cédée par lui à la maison Goupil.

M. Silvestre a longtemps écrit à l'*Opinion nationale* sous le pseudonyme de Ludovic Hans.

M. Octave Noël traite les questions économiques. On ne pouvait trouver un rédacteur sachant mieux présenter son sujet que M. Noël. Son style est clair et dans ses articles on ne sent point le pédant tout fier de sa supériorité et heureux de la démontrer dans des phrases que peu de personnes comprennent.

C'est M. Henri de Parville qui est chargé de la revue scientifique. Le vrai nom de M. de Parville est Peudefert.

L'auteur de la *Femme à barbe*, M. Elie Frébault, entra au *Bulletin français* en même temps que M. Cornély. Il resta avec M. Aron, partit lorsque M. Villetard prit la direction des journaux officiels, et réoccupa son poste quand M. Aron fut replacé, après le 14 décembre, à l'*Officiel*.

V

La Gazette de France.

Le plus ancien des journaux en est à sa 248ᵉ année. Il faut dire qu'il y a eu durant cette longue période quelques intermittences. La Gazette occupe un modeste local rue Coq Héron. Ses rédacteurs actuels sont:

M. Gustave Janicot, rédacteur en chef et propriétaire. M. Janicot est un écrivain de talent et un polémiste vigoureux. Il a su s'entourer de collaborateurs qui donnent de la vie à la *Gazette*.

M. Jean Bourgeois, rédacteur principal. A écrit au *Courrier Français* (en 1866) et est rentré en 1870 à la *Gazette de France*. C'est l'*alter ego* de M. Janicot.

M. Auguste Lenthéric a fait ses études à Nancy, est allé en Algérie, a écrit à l'*Akhbar*, à l'*Echo d'Oran* et dans des journaux fondés par M. Clément Duvernois. Rentré en France, il écrivit au *Courrier Français* en 1867, entra à la *Gazette* en 1868 pour traiter la question algérienne, puis il fut chargé du dépouillement des journaux allemands, anglais, italiens et de la partie financière du journal.

M. Simon Boubée, très-spirituel et très-rageur, a débuté en 1868 à la *Gazette du Languedoc*. A la *Gazette de France*, il est chargé de la petite guerre contre les républicains. Il s'occupe aussi de théâtre et de littérature. Il a publié un roman, le *Violon-Fantôme*, qui ne manque pas d'intérêt.

M. Charles Dupuy a été, sous l'Empire, rédacteur, de la *Gazette d'Auvergne* et a attiré à ce journal de nombreux procès. De Clermont-Ferrand M. Dupuy passa dans un journal de Montpellier et entra, en 1873, à la *Gazette de France*, pour faire la Chambre. Connaissant parfaitement la province, il publia dans la *Gazette* des lettres sur la province qui eurent un grand succès.

M. Adolphe Racot, qui fait la chronique sous le pseudonyme de Dancourt, a été secrétaire de la rédaction du *Figaro* et rédacteur à la *Patrie*. M. Racot est avec Bachaumont le chroniqueur le plus en vogue. Il n'a pas la même note que le rédacteur du *Sport*, mais comme lui, il connaît à fond les choses dont il parle.

M. le comte Armand de Pontmartin publie un feuilleton de critique littéraire chaque samedi. La collection de ces causeries forme déjà un assez grand nombre de volumes, indispensables à ceux qui veulent suivre le mouvement littéraire dans ses évolutions et ses changements à vue. M. Victor Fournel s'occupe aussi des livres.

VI

LA SOCIÉTÉ DE PUBLICATIONS PÉRIODIQUES.

Le Moniteur universel.

Sur l'emplacement occupé aujourd'hui en partie par l'immense établissement typographique de M. Paul Dalloz s'élevait, avant la révolution, le couvent des Théatins. Supprimé en 1790, cet établissement religieux devint propriété nationale et fut destiné à être vendu. En 1800 l'église des Théatins fut une salle de fêtes publiques; en 1815 le *café des Muses* s'y établit.

Cette église renfermait le cœur du cardinal Mazarin, un des protecteurs de l'ordre, et les tombeaux de l'écrivain Boursault et du maréchal de La Feuillade.

En 1822 les bâtiments furent démolis et remplacés par des maisons particulières.

Sous le second empire, le *Moniteur universel*, alors journal officiel, quitta la rue des Poitevins et vint s'établir au n° 13 du quai Voltaire. Lorsque le traité entre M. Dalloz et le gouvernement fut rompu, l'imprimerie prit une grande extension. Au grand *Moniteur* et au *Petit Moniteur* vinrent s'annexer la *Petite Presse*, le *Monde Illustré*, la *Revue de la Mode*, le *Journal de Musique*, l'*Avenir Militaire*, le *Petit Bulletin du Soldat*, la *Presse Illustrée*, la *Mosaïque*, la *Revue de France*. Il fallut acheter les immeubles voisins pour installer les rédacteurs de ces nombreux journaux, l'administration et les ateliers de composition.

M. Paul Dalloz est aujourd'hui le chef de cette importante imprimerie et de ces nombreuses publications. Naturellement chaque journal a à sa tête un rédacteur principal.

Après la guerre et la Commune, M. Dalloz organisa une souscription nationale pour la libération du territoire. Le public répondit à son appel et les dons en argent et en nature abondèrent. Il y eut dans l'hôtel du quai Voltaire des scènes émouvantes. M. Thiers qui ne voulait pas qu'un autre que lui s'occupât des affaires de la France fit avorter l'entreprise. M. Dalloz reçut plus tard la croix d'officier de la Légion d'honneur, il méritait bien cette distinction pour les services qu'il avait rendus. Pendant la Commune, ses journaux soutinrent énergiquement la cause de l'ordre et ne cessèrent de paraître que quand le pseudo-gouvernement de l'hôtel-de-ville eut chassé et menacé d'arrestation les journalistes et les compositeurs.

Les messageries de la presse appartiennent à M. Dalloz. M. Coste lors de la création de cette annexe du *Moniteur* en était avec M. Foutrin le chef. Il a été l'administrateur de *l'Evénement*, directeur d'un journal de la location, propriétaire de la librairie Madre, administrateur du *Nouveau-Journal* et a fini par rentrer au *Moniteur*.

M. Bourdillat a rempli longtemps les fonctions d'administrateur général de l'imprimerie. C'était un homme de relations charmantes. Il avait créé la *Librairie Nouvelle* avec M. Jacottet, le *Monde Illustré*, la *Petite Presse* avec M. Pointel. La maladie l'a obligé de quitter son poste. Il a eu pour successeur M. Mouilleaux.

Passons aux collaborateurs de M. Dalloz. Au grand *Moniteur*, c'est M. Louis Joly, rédacteur principal. M. Joly est un homme jeune, connaissant à fond les questions étrangères. Il a écrit au *Courrier Français*, au *Journal de Paris*, à la *Revue de France*, etc. Son prédécesseur était M. J. Valfrey qui a publié des ouvrages du plus haut intérêt sur les traités conclus par la France avec différentes nations. M. Valfrey est directeur aux affaires étrangères. M. Emile Gasmann est secrétaire de la rédaction. Il a écrit au *Journal de Bordeaux*, à un journal de Besançon ; il est venu de cette ville à Paris pour entrer au *Moniteur*.

M. Gasmann est chargé de toute la partie littéraire des journaux de M. Dalloz. Il envoie quotidiennement un bulletin politique au *Courrier Franc-Comtois*.

M. de Léris est sous-secrétaire de la rédaction. Le bulletin est rédigé alternativement par MM. Alexandre Pey et Eugène Asse, deux écrivains de talent. M. Pey est professeur au lycée Saint-Louis. M. Asse a fait longtemps la bibliographie au *Moniteur*. Il a publié les *Lettres de Mademoiselle de Lespinasse*, avec des notes fort intéressantes. M. Dubosc est chargé du Sénat et M. Joussemet de la chambre des députés.

M. Le Beschu de la Bastaye traite les questions militaires M. Le Nordez et la politique intérieure. - M. Le Nordez rédige une correspondance autographiée qui est adressée à plusieurs journaux des départements. Il a été rédacteur de *l'Union de la Sarthe*. Le ministère du 16 mai l'a décoré.

MM. Louis Derôme et Paul Perret s'occupent des livres. M. Derôme, bibliothécaire à la Sorbonne, a écrit au *Journal de Paris*, à la *Revue de France*, à la *Revue Contemporaine*. C'est un critique de grande valeur qui n'a pas une réputation à la hauteur de son talent. M. Perret est très-connu. Secrétaire de la rédaction de la *Revue des Deux Mondes*, il quitta M. Buloz, écrivit dans différents journaux, publia des romans qui eurent un grand succès.

Le plus brillant des critiques, M. Paul de Saint-Victor, rédige le feuilleton des théâtres, où il a remplacé Théophile Gautier.

M. Georges Lafenestre fait le salon, M. Victor Champier rédige des articles sur les arts. M. Lafenestre est un des rares critiques ayant une autorité auprès du public amateur d'œuvres artistiques. M. Chapier a été secrétaire de M. Gustave Vapereau, puis rédacteur en chef du *Musée Universel*, recueil hebdomadaire illustré fondé par M. Georges Decaux qui le vendit à M. Guy de Binos. Ce dernier céda son journal à M. Ballue qui après s'être occupé exclusivement de journalisme politique s'est consacré aux publications artistiques.

M. René Brunesœur fournit les notes sur le commerce. Il a publié dans les journaux de M. Dalloz quelques romans intéressants. Son véritable nom est Verpy. M. Henry Morel s'occupe des nouvelles et fait quelques chroniques. C'est un reporter excellent pour un journal collet-monté comme le *Moniteur*.

Parmi les correspondants du *Moniteur* à l'étranger nous citerons M. Henry Havard qui a adressé de Hollande des lettres très-intéressantes. Il a publié sur ce pays des ouvrages qui sont l'histoire de ses cités si curieuses et trop peu connues. M. Dick de Lonlay, envoyé comme dessinateur au camp serbe en 1876 et à l'état-major russe en 1877, a envoyé de Turquie des dessins d'une grande exactitude. Il faut dire que ses lettres n'ont pas la valeur de ses dessins. Si comme artiste, M. Dick est complet, comme homme politique il laisse tout à désirer.

Le petit Moniteur.

M. Sixte Delorme, rédacteur en chef, a écrit à l'*Éclair*, journal hebdomadaire qui paraissait sous l'Empire; il a été correspondant du *Progrès de Lyon*, puis de la *France républicaine*. Il a publié un roman historique très-remarquable sur madame Angot. Signe particulier, M. Delorme chante fort bien, il adore la pêche à la ligne et il est grand amateur de gravures.

Le secrétaire de la rédaction est M. Kleiskowski. M. Wilfrid de Fonvielle traite les questions scientifiques; M. Gustave Claudin est chargé des théâtres. Outre quelques volumes portant son nom, M. Claudin a publié en 1876 plusieurs petites brochures politiques sans nom d'auteur. Ces opuscules étaient édités par la librairie de la Salette, rue des Saints-Pères.

M. Henry Morel donne aussi des articles au *Petit Moniteur*.

La petite Presse.

Le rédacteur en chef est M. Paul Bourde. C'est un poëte, auteur d'un grand nombre de pièces qui n'ont point encore été représentées. Il a publié chez Lemerre un volume sur les hommes de la Commune sous le pseudonyme de Paul Délion.

M. V.-F. Maisonneufve résume les débats des Chambres. Il est né dans l'Isère, a écrit dans les journaux de Grenoble. A Paris, il était secrétaire de M. Tony Révillon, chroniqueur quotidien de la *Petite Presse*. Quand M. Révillon quitta le journal, M. Maisonneufve y resta comme rédacteur. C'est un écrivain très-consciencieux qui a publié entr'autres une notice curieuse sur la Tour d'Auvergne, le *premier grenadier de France*. M. Victor Cochinat rédige les théâtres et le bulletin des tribunaux; M. Mary est entré au journal par M. Bourde. C'est un tout jeune homme qui a débuté en province, à Châtillon-sur-Seine. M. Brunesœur y a fait une chronique qu'il signait Nicolet.

.˙.

Les autres publications périodiques de M. Dalloz dont nous avons cité les titres ont pour rédacteurs principaux : *Le Monde illustré*, M. Hubert, artiste de talent chargé surtout des rapports avec les dessinateurs et graveurs. M. Pierre Véron et Jules Noriac y rédigent la chronique à tour de rôle. M. Charles Monselet fait les théâtres et M. Albert de Lasalle la musique. M. Le Beschu de la Bastaye est à la tête de l'*Avenir militaire*. M. Maisonneufve est directeur de la *Mosaïque*. La *Revue de France* a pour secrétaires de la rédaction MM. L. Joly et E. Gasmann. M. Emile Desbeaux s'occupe de la *Presse illustrée*. M. Francis Tesson est le rédacteur en chef de la *Revue de la Mode*. Il a occupé la même situation à l'*Illustrateur des Dames*, journal qui appartenait à M. Charles Vincent. M. Tesson est poëte et romancier. Ses nouvelles sont très-reproduites par les journaux des départements. Il a pour auxiliaire M. Rey qui s'occupe des dessins. M. Rey est l'ami de M. Dalloz plus qu'employé dans sa maison. M. Armand Gouzien, écrivain de valeur et musicien jusqu'au bout des ongles dirige le *Journal de*

Musique. Il a fait la revue des journaux au *Gaulois,* la critique musicale au *Courrier de France,* à l'*Evénement,* etc. Il est l'auteur de la musique d'une chanson sur saint Nicolas. L'artiste a admirablement compris son sujet ; ce récit des trois enfants assassinés par un boucher et ressuscités par le saint personnage, mis en vers naïfs, est émouvant, chanté avec la musique de M. Gouzien.

.·.

Parmi les collaborateurs intermittents du *Moniteur,* nous citerons M. Maxime du Camp, dont les ouvrages sur Paris et la Commune obtiennent un si grand succès. M. Camille Debans, qui a été secrétaire de la rédaction du journal pendant plusieurs années, fonctions qu'il a dû résigner pour cause de maladie. Il est l'auteur d'un volume de nouvelles: les *Drames à toute vapeur.* Chacune de ses nouvelles est un petit chef-d'œuvre. M. Lorédan Larchey, auteur d'un *Dictionnaire d'argot,* M. Eugène Müller, auteur de la *Mionette,* ont dirigé la *Mosaïque* avant M. Maisonneufve. Ils sont tous deux à la bibliothèque de l'Arsenal. M. Balathier de Bragelone a été longtemps rédacteur en chef de la *Petite Presse,* il dirige actuellement le

Voleur illustré dont il est le propriétaire. M. François Coppée a publié au *Monde illustré* des vers qui ont été réunis en un volume in-folio splendidement illustré, publié par la maison Dalloz sous le titre *Les Mois*. M. Albert Delpit a aussi écrit pour le même journal les *Dieux qu'on brise,* poésies.

*
**

En terminant, racontons une anecdote sur M. Dalloz. Un de ses rédacteurs ayant été remercié lui fit un procès qu'il perdit. Il fallut payer les frais à dame Justice, ce qui ne plaisait pas du tout au journaliste. Un jour M. Dalloz fut fort surpris de voir entrer dans son cabinet son ancien collaborateur qu'il reçut très-durement. Après dix minutes de conversation animée, le directeur du *Moniteur* signait un bon de cent et quelques francs à toucher à sa caisse. Il payait les frais d'un procès qu'il avait gagné.

VII

LES JOURNAUX RÉUNIS.

Le Constitutionnel.

Le *Constitutionnel* et le *Pays* sont la propriété d'une société dont M. Gibiat est directeur. Il est aussi le maître de faire suivre à ces deux journaux la ligne politique qui lui convient, mais le *Constitutionnel* représente seul ses idées ; c'est ce journal que, politiquement, il dirige.

M. A. Grenier est rédacteur en chef. C'est un

littérateur très-remarquable, possédant un style qui fait l'admiration de ceux qui ont encore le respect de la langue française. Ancien élève de l'école normale supérieure et de l'école d'Athènes, M. Grenier a appartenu à l'Université avant d'entrer dans le journalisme. Sous l'empire, il fut rédacteur en chef du *Dix-Décembre*, de la *Situation*, journal créé pour défendre les intérêts des princes allemands dépossédés de leurs états par la Prusse. Il a écrit à l'*Ordre*, au *Figaro*, etc.. Il a publié un livre sur la Grèce, en 1863, qui est une merveille de style et d'esprit; la *Vie joyeuse au pays latin* est une étude très-fine des prétentions ridicules des rhéteurs d'Athènes et de Rome. La race de ces ambitieux s'est perpétuée jusqu'à nos jours.

Le secrétaire de la rédaction est M. Charles Lefèvre qui a occupé le même poste à la *Presse*, au *Bien Public*. C'est un érudit plus qu'un journaliste. M. H. Astier rédige le bulletin. Il a débuté par la médecine et a fait sur les bâtiments des Messageries nationales plusieurs voyages en Orient. Chargé des articles scientifiques au *Salut Public* de Lyon, il arriva peu à peu à traiter les questions politiques. Il quitta ce journal en **1872**, vint à Paris et entra au *Constitutionnel*. Il envoie au *Salut Public* une correspondance, *Lettres de l'entresol*, qu'il signe *Septime*. Il a écrit aussi à l'*Impartial Dauphinois* sous le pseudonyme de *Pierre Franck*. Il a abandonné cette correspondance lorsque l'*Impartial* a changé tout à la fois de titre et d'opinion (1878).

Fils de M. Ohnet, architecte de talent, membre du conseil municipal, M. Georges Ohnet a les opinions conservatrices de son père. Il a écrit au *Nain Jaune* avec MM. de Gastyne, Albert Hans, Alexandre Valfrey, et au *Pays*. En collaboration avec M. Denayrouze il a fait représenter au théâtre historique un drame, *Regina Sarpi*, et au Gymnase, *Marthe*. Ces deux pièces ont été accueillies avec faveur. Au *Constitutionnel*, M. Ohnet fait des articles politiques ou littéraires.

Les questions étrangères sont traitées par M. Edouard Simon, directeur du *Mémorial diplomatique*. M. C. Romanet fait la Chambre, M. J. Baïssas les tribunaux et le Sénat. M. Romanet que ses collègues à la tribune des journalistes appellent *Romanet-Conti* a été rédacteur à la *France*. Il est le correspondant du *Périgord*, journal qui appartient aussi à M. Gibiat. M. Auguste Rolland, rédacteur en chef de cette feuille a écrit au *Constitutionnel*. Il est très au courant des questions sociales. Il a été l'ami de Proudhon qui le tenait en haute estime, il a entre les mains beaucoup de lettres du célèbre écrivain, qui n'ont pas paru dans la correspondance de Proudhon publiée par sa fille. M. Henri Trianon est chargé de la critique littéraire et du salon. C'est un écrivain de mérite qui a eu de grands succès au théâtre. Il est bibliothécaire à Sainte-Geneviève.

La critique des théâtres est faite par M. Hippolyte Hostein qui a succédé à Nestor Roqueplan. M. Hostein a dirigé le *Théâtre-Historique*, devenu ensuite *Théâtre-Lyrique* — boulevard du Temple, — le Châtelet, la Renaissance, etc. Il a publié chez Dentu un volume de souvenirs tout plein d'intérêt. M. Bachaumont fait la chronique.

M. A. Dupuis, ancien élève de Grignon, s'occupe de l'agriculture. Il a remplacé M. Jacques Valserres, l'inventeur du chêne truffier, qui a découvert la mouche dont la piqûre sur les racines du chêne, fait naître une excroissance qui n'est autre que la truffe. Il a fait ses expériences dans des pots fêlés et conserve quelques-unes de ses fameuses mouches pour les montrer aux amateurs. Il a publié sur sa découverte un petit volume où il commence par dire que tous les membres de l'Académie des sciences sont des ignorants. Après un pareil début il se montre fort étonné que l'Académie ne se soit point occupée de son livre. La mouche truffigène est le pendant du fameux serpent de mer.

La rédaction du *Constitutionnel* avait fait sur M. Valserres une chanson dont chaque rédacteur avait composé un ou deux couplets. Cette œuvre poëtique se chantait sur l'air de la complainte du Juif-Errant.

Voici un des couplets de ce travail fantaisiste :

> C'est la race bovine,
> Qu'il aime tendrement ;
> Il a pour la porcine,
> Des attendrissements ;
> Devant un beau cochon,
> Il tombe en pamoison !

Il y en avait une trentaine de cette force.

M. Jules Barbey d'Aurevilly fournit un article de critique littéraire tous les quinze jours. Rarement on trouve grâce devant ce terrible écrivain qui ne laisse rien subsister de l'œuvre qui lui a déplu. Un jour une femme publia, sous le titre : les

Enchantements de Prudence, un volume tout rempli de récits très-vifs. C'étaient ses fredaines que racontait l'*authoress*, et elle mettait les noms de ceux qu'elle avait daigné remarquer. M. Barbey d'Aurevilly ne dissimula point le dégoût que lui inspirait une œuvre semblable. Son article avait paru depuis quelques jours lorsque le gérant du *Constitutionnel* M. A. Matagrin reçut la visite d'un individu qui lui dit être le fils de celle qui avait écrit les *Enchantements*; il ajouta que M. d'Aurevilly l'avait indignement traitée et qu'il voulait une rétractation ou une réparation. M. Matagrin envoya promener ce visiteur qui se fâcha, menaça, et qui, passant des paroles aux actes, empoigna le gérant par la cravate et lui allongea des coups de pied et des coups de poing. Les garçons de bureau accoururent et tirèrent M. Matagrin des mains de ce forcené qui se nommait Marcus Allard. Il fut condamné pour ce bel exploit à la prison, l'amende sans compter les dommages-intérêts, que M. Matagrin donna aux pauvres de Tarare, sa ville natale.

M. Boniface-Desmarest est chargé des courses. L'été il est toujours en chemin de fer, allant de Lille à Monaco, du Hàvre à Bayonne pour assister aux *steeple-chase*. Il habite presque toute l'année à Montmorency une maison où résida Jean-Jacques Rousseau.

M. Charles de Mouy, actuellement premier secrétaire d'ambassade à Berlin, a été collaborateur du *Constitutionnel*. Les compositeurs l'avaient surnommé le *chapeau-vissé* parce que jamais il ne saluait quand il entrait à l'atelier de composition. Lorsqu'il quitta Paris pour aller occuper le poste de premier secrétaire à Constantinople en 1876, c'est-à-dire dans un instant critique, il envoyait de cette ville des correspondances au *Constitutionnel* et à l'*Officiel*, il faisait même des comptes rendus des livres publiés par la maison Hachette et décrivait après Chateaubriand, Lamartine, Théophile Gautier, les rives du Bosphore. Tous ces articles de journaux n'ajoutaient rien à sa valeur littéraire, qui n'existe pas, et il est peu probable qu'ils l'aient fait valoir comme diplomate de premier ordre.

Le correspondant anglais au *Constitutionnel* a été longtemps M. A. Filon qui signait Pierre Sandrié.

Le Pays.

Le *Pays* n'a pas les allures calmes et modérées du *Constitutionnel*.

M. Paul de Cassagnac député du Gers, rédacteur en chef de ce journal en a fait l'organe le plus vif, le plus remuant, du parti conservateur. Il reçoit des coups, il les rend au centuple. On sait que les articles de M. Paul de Cassagnac sont écrits très-vite, mais le trait y est, et on les lit, les uns avec joie, les autres en grinçant des dents. Quand les marchands vont au dépôt chercher des numéros du *Pays*, ils font d'abord cette question : *Y a-t-il du Paul ?* Si la réponse est affirmative ils augmentent leurs demandes d'exemplaires. Quand M. Paul de Cassagnac parle à la tribune de la Chambre ou écrit dans son journal, ses paroles ou sa prose mettent en ébullition les cerveaux des politiqueurs des cafés. C'est un spectacle curieux d'écouter toutes ces discussions qui se prolongent jusqu'à la fermeture des établissements.

Les débutants dans le journalisme radical essayent leurs plumes sur M. de Cassagnac ; naturellement ils en sont pour leurs frais, ils seraient trop heureux d'avoir ce qu'on appelle un *éreintement* dans le *Pays,* cela les poserait.

M. Albert Rogat a écrit au *Nord* et au *Figaro* sous le pseudonyme de Covielle ; il été collaborateur de la *Patrie,* etc. Ses articles au *Pays* sont très-soignés et sous le polémiste ardent et passionné on devine l'amoureux de la forme. M. Rogat est l'auteur d'une histoire des hommes du Quatre septembre.

Il adore la pêche à la ligne, et le promeneur qui suit le bord de la Marne et voit ce pêcheur si calme, attendant patiemment que le poisson morde, ne se doute point qu'il a devant lui le bouillant rédacteur du *Pays.*

Rédacteur de l'*Illustration militaire* et de plusieurs autres feuilles plus ou moins importantes, M. Paul Charvet de Léoni a été rédacteur principal de l'*Avenir Libéral.* Ce fut dans ce journal qu'il dévoila certains faits sur la vie privée de M. Jules Favre ; cette indiscrétion eut un immense retentissement et finit par un procès. Au *Pays* M. de Léoni n'a point baissé sa note et il tient bien sa place dans la rédaction politique. Il est l'auteur d'un roman : *la Femme de glace.*

M. Deflou fait le bulletin. C'est un journaliste consciencieux qui résume d'une façon claire les faits politiques de l'intérieur et des pays étrangers. Il est officier dans l'armée territoriale.

M. de Thierry est plutôt un romancier qu'un journaliste. Sous le pseudonyme de Pierre L'Etoile il a publié quelques feuilletons. Une pièce dont il est l'auteur a été représentée avec succès au troisième Théâtre Français. Son véritable nom est de Carnières.

La chonique quotidienne a été longtemps du domaine de M. George Maillard. Mais depuis la mort de M. Charles Deulin et le départ de M. Léon Husson, M. Maillard ayant été chargé du feuilleton dramatique et musical, la chronique, signée Diégo, a été rédigée par M. Rogat.

M. Georges Maillard a écrit à la *Gazette des Étrangers*, au *Figaro*, au *Courrier de France*, etc. Quelques-uns des romans qu'il a publiés en feuilleton ont paru en volumes. Les initiales X. B. T. mises au bas du bulletin du théâtres appartiennent à M. Maillard.

M. Henri Pellerin fait la revue des livres.

C'est un enragé de l'étude. Le matin on le rencontre dans un hôpital ou dans un amphithéâtre, et le soir à la bibliothèque ou à un cours spécial. Chez lui il est littéralement enseveli dans les livres; mais quoiqu'il parle de tout ce qui paraît, il a une prédilection particulière pour les ouvrages scientifiques ; il est au courant de toutes les questions nouvelles, de toutes les discussions qui s'agitent. Ce qu'il n'aime guère, ce sont les romans. Enfin, sa passion d'étudier est telle qu'il est rare de le rencontrer dans la rue même sans qu'il ait à la main un livre et un crayon. Il possède un nombre incalculable de notes sur toute espèce de chose, et il disait un jour que grâce à ces notes, il n'éprouve aucune difficulté pour écrire ses articles, attendu qu'il sait par cœur à peu près tout ce qu'il apprend.

Le secrétaire de la rédaction est M. Raymond Cavalier qui a quitté l'administration des postes pour le journalisme. On lit souvent au bas d'articles du *Pays* le nom de Ladevèze. Ce nom appartient au journal et sert à tous les rédacteurs.

Le gérant des deux journaux est M. Cointries qui a succédé à M. Piel.

.·.

L'administration et la rédaction du *Constitutionnel* et du *Pays* sont installées dans l'ancien hôtel de la chancellerie d'Orléans. Les pièces qui donnent sur la rue de Valois sont magnifiques, les peintures du plafond sont de Coypel. Terminons en racontant un fait qui nous est personnel. Lorsque nous entrâmes à la rédaction du *Constitutionnel*, en 1873, il y avait parmi les garçons de bureau, un garçonnet d'une quinzaine d'années, à la mine éveillée, qui avait eu les deux mains enlevées en dévissant un obus. M. Gibiat avait fait faire pour ce malheureux deux mains en bois. Ce fut avec de pareils instruments qu'il s'avisa d'apprendre le dessin et la peinture à l'huile. On se moqua de ses prétentions et il était décidé à renoncer à l'art quand il nous fit voir quelques-uns de ses travaux. Cela n'était pas parfait, mais il y avait dans certains détails le faire d'un artiste.

Nous lui conseillâmes de se remettre au travail et quelques temps après nous le conduisions chez l'éditeur Lemerre à qui il offrit un dessin et un petit tableau. M. Lemerre lui donna une douzaine de ses jolis volumes. C'était le premier profit matériel que le pauvre garçon tirait de son travail. Il fut ébloui, enchanté, on lui croyait donc un peu de talent. Un autre éditeur, M. Dentu, toujours renseigné par nous, fit parler de Noël Masson — c'est le nom de notre protégé — dans *l'Evénement.* Notre confrère et ami, M. Georges Maillard, avait comme nous poussé le petit Masson, comme nous l'appelions, à travailler. Il le présenta à M. Lalanne qui lui donna gratuitement des leçons. L'habile et généreux artiste a été content de son élève qui a eu plusieurs eaux-fortes reçues au Salon de 1878.

VIII

Le Figaro.

Si M. de Villemessant voulait faire plaisir à ses ennemis, et ils sont nombreux, il réduirait le tirage du *Figaro* à mille exemplaires, quitterait le magnifique hôtel de la rue Drouot et irait installer sa rédaction, réduite à un rédacteur et son administration, composée d'un vieil employé en manches de lustrine dans une imprimerie où seraient inconnues les machines de Marinoni.

Pourtant chaque fois qu'il a fallu aider à une bonne action le *Figaro* a prêté généreusement son immense publicité. Pour les veuves et les enfants des ôtages de la commune, les victimes d'inondations désastreuses, en un mot toutes les misères réellement intéressantes, M. de Villemessant a trouvé des centaines de mille francs; tous ses appels à la charité ont été entendus, les dons ont afflué dans sa caisse et des centaines de malheureux ont reçu des secours.

On ne pardonne pas au directeur du *Figaro* son succès persistant. Son journal que l'on voit partout éveille la jalousie. Il n'est si petit homme de lettres qui n'ait tenté d'écrire dans le *Figaro ;* s'il n'a point réussi il devient dans des feuilles infimes le contempteur acharné de M. de Villemessant et de ses collaborateurs.

Presque toutes les célébrités littéraires ont écrit dans le *Figaro*. M. Thiers y a signé un vieil abonné ; M. A Grenier, M. Auguste Vitu, M. A. Granier de Cassagnac ; M. Léon Lavedan ; M. Edmond About ; M. Francisque Sarcey, sous le pseudonyme de Satané Binet ; M. Jules Claretie ; M. Aurélien Scholl ; M. Alfred Delvaau ; M. Alphonse Duchesne: M. Louis Ulbach ; M. Arthur de Boissieu, l'auteur des *Lettres de Colombine*. Pendant des années on chercha le nom de l'écrivain délicat qui écrivait ces *Lettres*, nom qui ne fut connu que plus tard.

Hippolyte de Villemessant, directeur, administrateur, rédacteur en chef, sait rémunérer ses rédacteurs et son plus grand mérite est de n'avoir jamais spéculé sur la misère d'un écrivain.

Francis Magnard, rédacteur en chef; beaucoup de talent et encore plus de modestie. Connaît le journal à fond et sait mieux que personne ce qui fait sa vogue et son succès. Gagne à être connu.

A. Périvier, secrétaire de la rédaction, possède la confiance du *patron*, fait admirablement le grand reportage. S'est fait remarquer dans ses comptes rendus du procès d'Arnim, ses études sur Londres et a eu un véritable succès lors des funérailles du roi Victor Emmanuel. Comprend le journalisme à l'américaine; très-jeune et beaucoup d'avenir.

Saint-Genest (Bûcheron, dit) officier de la réserve, n'appartient plus guère que comme volontaire à la rédaction du *Figaro*.

Albert Millaud. De l'esprit à revendre; poète, auteur dramatique à succès, manie le fouet satirique avec une verve prudente qui est un des éléments de son succès, il fustige, mais ne blesse personne, fait la chambre sous son nom, signe les *Lettres de Versailles* du pseudonyme de *Baron Grimm* et les comptes rendus du Sénat *Paul Hémery*. Il fait de la copie à la vapeur.

Philippe Gille. Le chef des échos, le *Masque de fer*, nature fine, intelligente, spirituelle et très-artiste, a débuté comme Henri Rochefort dans les bureaux de la Ville, et a fait de la sculpture, et du théâtre où il a obtenu de vrais succès, il est l'auteur des *Trente millions de Gladiator*, des *Horreurs de la guerre*, de la *Cour du roi Pétaud*, des *Charbonniers* etc., etc., un aimable et brave garçon.

Ignotus (le baron Félix Platel) secrétaire du conseil général de la Loire-Inférieure, inscrit au tableau des avocats de la cour d'appel de Paris. Un gentleman-farmer doublé d'un talent tout spécial de grand écrivain, naïf comme un enfant.

Granier de Cassagnac, a signé souvent de remarquables articles sous le pseudonyme d'*Un rural*, plume de vigoureux polémiste que les années n'ont point affaiblie.

Lavedan (Léon) a signé ses articles des pseudonymes de René de Longueval, de Grandlieu, un chrétien.

Jules Richard, un véritable journaliste a fait le *Figaro* à l'Exposition sous le pseudonyme de

Pierre de Touche; il est l'auteur des articles signés: *un conservateur.*

Adrien Marx, dirige les nouvelles diverses qu'il signe *Jean de Paris,* s'est fait un certain nom avec ses *Indiscrétions parisiennes,* un Timothée Trimm jeune.

Fernand de Rodays, gérant du *Figaro,* rédacteur des *Tribunaux,* dirige toutes les affaires contentieuses; personne ne sait mieux que lui résumer une affaire ; beaucoup d'esprit et de talent, et avec cela très-obligeant.

Un Monsieur de l'orchestre, Arnold Mortier, un hollandais plus parisien et plus boulevardier que le premier des parisiens et des boulevardiers, s'est créé une spécialité dans ses « *Soirées théâtrales* » qu'on a cherché à imiter sans y parvenir.

Jules Prével ; Un des plus anciens de la maison, dirige avec habileté le *Courrier des théâtres* et passe pour être toujours très-bien informé ; a obtenu des succès au théâtre, entr'autres *le Mari qui pleure* à la Comédie française.

G. Grison ; Un des meilleurs reporters de Paris, suit un crime avec le flair d'un agent de police et décrit une exécution avec la plus grande maestria.

Ch. Rety. Arrange, polit et dégrossit ce qu'apportent les reporters.

J. Cornély. Se destinait à la médecine et a été pendant quatre ans interne de l'hôpital de Lyon; attaché au secrétariat de la rédaction, remplace parfois le rédacteur en chef et signe les articles relatifs à la guerre d'Orient; a été secrétaire de la rédaction aux *Journaux officiels*; c'est un écrivain précieux pour un journal, jeune, plein d'entrain, sait beaucoup, garçon de talent et d'avenir.

Robert Milton, dont le vrai nom est de Saint-Albin est chargé de toutes les questions de sport au *Figaro*, fait du théâtre pour occuper ses loisirs, riche, jeune, ce qui ne gâte rien.

H. de Callias. Un des irréguliers qui fournit aux échos les plus joyeuses nouvelles à la main et les mots de la fin les plus gaulois.

Th. de Grave. Un des aides de camp du Masque de fer.

Auguste Marcade. Chargé des *Télégrammes et correspondances*, se délasse de ses énormes travaux en récitant des vers latins.

Auguste Vitu, un des meilleurs critiques de théâtre.

Bénédict (M. B. Jouvin), un critique musical des plus érudits; gendre de M. de Villemessant.

Marie Escudier, chargé des renseignements diplomatiques aux échos, signe quelquefois : *Une cravate blanche.*

L. Diguet, attaché au secrétariat de la rédaction, chargé de recevoir les visiteurs, de donner le dernier coup d'œil à la mise en page, fait les traductions anglaises et la menue besogne de la dernière heure ; une utilité consciencieuse.

Ivan de Wœstyne, un boulevardier qui s'est adonné aux voyages à l'étranger. Depuis qu'il a fait sa très-intéressante découverte des massacres de Bulgarie, voyage sans cesse du Bosphore au Danube et à la Néva.

Henri Chabrillat, capitaine adjudant-major dans la territoriale, un des héros de la défense de Châteaudun où il reçut la croix de la Légion d'honneur, journaliste et auteur dramatique, directeur de l'Ambigu, de l'esprit, de l'entrain.

A. Decourcelles, auteur dramatique bien connu, apporte son écot quotidien aux échos du *Figaro.*

L. de Saint-Rémy; sous ce pseudonyme, se cache le fils d'un des grands financiers du quartier Saint-Georges, ardent à faire de la copie comme s'il ne devait pas avoir un jour deux ou trois millions de rentes.

4

M. Félix Ribeyre s'occupe de la revue des journaux étrangers.

M. de Villemessant *sait faire un journal*. Il ne regarde pas si celui qui lui apporte un article a le nez fait de telle ou telle façon, et ne s'inquiète nullement de ses idées politiques; il veut du talent, de l'esprit ou de l'originalité. Rochefort, Pascal Grousset, Vermersch, Jules Vallès, communards, ont écrit au *Figaro*.

Le journal a quitté le rez-de-chaussée de la rue Rossini pour aller s'installer dans un magnifique hôtel rue Drouot. Si un jour la Commune redevenait maîtresse de Paris, le directeur du *Figaro* et ses rédacteurs, s'ils étaient pris, seraient certainement exécutés, le pétrole se chargerait de l'immeuble; alors on referait un journal *pur* dont les collaborateurs seraient les écrivains retour de Nouméa.

A propos de souscriptions organisées par le *Figaro*, signalons encore celle des orphelins recueillis par M. l'abbé Roussel, directeur de l'établissement d'Auteuil (1). En quelques jours plus de *trois cent mille francs* sont arrivés dans la caisse du journal.

On est détesté pour moins que cela.

(1) En juillet 1878.

IX

LES TROIS JOURNAUX.

La Patrie. — Paris-Journal. — Le Soir.

Ces trois journaux appartiennent au même propriétaire, ils sont installés dans le même immeuble et se passent leurs articles, ce qui fait une économie dans la composition.

M. Eugène Guyon est rédacteur en chef de la *Patrie*. Il signe en même temps le journal comme gérant. M. Guyon s'occupe sérieusement de son affaire et ne quitte son bureau qu'à cinq heures du soir. Il a occupé un poste important au Crédit Foncier.

Né à Poitiers, le directeur de la *Patrie* est un

ancien condisciple de M. Arthur Ranc. Ce fut lui qui dirigea contre l'ami de Delescluze une campagne des plus vives, qui aboutit à la mise en jugement de M. Ranc.

M. Guyon est un conservateur dans toute l'acception du mot; depuis 1871 qu'il dirige la *Patrie* il a donné à ce journal une allure vive qui ne manque pas d'attrait. Du reste la *Patrie* reflète parfaitement le caractère de son rédacteur en chef. Un jour il eut un mot sur M. de Kératry qui le peint bien. C'était en 1869, celui qui devait, un an plus tard, occuper la place de préfet de police avait eu l'intention d'organiser une manifestation publique contre l'ajournement de l'ouverture des Chambres. M. Guyon combattit énergiquement cette idée, que du reste M. de Kératry ne mit pas à exécution; un de ses articles se terminait ainsi : « Quand on ne se sent pas de force à être Démosthènes et qu'on veut passer à la postérité, on consent volontiers à être Érostrate. »

C'était dur, mais juste.

Le secrétaire de la rédaction est M. Charles Schiller, qui lit aussi une partie des manuscrits et décide par conséquent si tel ou tel roman sera inséré au rez-de-chaussée de la *Patrie*.

MM. Gaston de saint-Valry, Lannau-Rolland, Richard, E. de Lyden s'occupent des questions politiques. M. de Saint-Valry a été rédacteur en chef du journal dont il est un des plus brillants collaborateurs.

M. Boysse fait les lettres de Versailles : M. Édouard Fournier, un puits d'érudition, est chargé de la critique dramatique. Il connait à fond le vieux Paris et a publié sur la capitale de la France des travaux qui font autorité. M. Fournier a été rédacteur en chef de la *Revue des Provinces*, publication qui avait conquis une grande notoriété. La critique musicale est signée d'un des beaux noms de France, le marquis de Lauzières-Thémines.

Le rédacteur scientifique est M. Lafont ; M. le docteur Sales-Girons traite la question médicale et M. Costé s'occupe de la partie financière.

M. Hippolyte Fournier fait les tribunaux, M. Jacques Herblay, la revue des livres ; M. des Guetz les informations. Ce dernier adore les chiens et a la passion du canotage.

M. Fournier est un romancier de talent, M. des Guetz fait un peu du journalisme en amateur. il ferait dix lieues à pied pour être agréable à un ami.

Parmi les collaborateurs intermittents de la *Patrie*, nous citerons MM. Adolphe Racot, Avis, Bœrne, Frédéric Baille, Max, René Brunesœur, Félix de Servan.

Le journal de M. Guyon est très-varié et fort intéressant. La politique ne l'envahit pas tout entier, ses chroniques littéraires et mondaines jettent de la variété dans les discussions âpres des actes des gouvernants. Un chroniqueur, qui a eu à la *Patrie* beaucoup de succès, a été M. Léon Troussel, mort en 1876, dans toute la force de l'âge et du talent. Il avait fait partie du corps consulaire de 1854 à 1867 ; il était entré à la *Patrie* en 1868. A l'époque où il gérait, en l'absence du titulaire, le consulat d'Édimbourg, il acheta pour le compte du gouvernement français une de ces machines, dites balayeuses, que l'on voit en grand nombre à Paris. Avec la machine était une note explicative.

Revenu à Paris de longs mois après, M. Troussel s'informa au ministère des affaires étrangères de sa balayeuse. On ne sut ce qu'il voulait dire. On chercha partout cet objet que l'on finit par trouver au ministère de l'agriculture et du commerce où il avait été envoyé. La balayeuse, prise pour une machine à sarcler, avait été essayée devant des hommes spéciaux. Naturellement l'essai n'ayant point réussi, un rapport savamment rédigé déclarait que cette invention écossaise ne donnerait en France que de mauvais résultats. Il fallut que M. Troussel rendit la balayeuse à la rue et expliquât qu'il n'avait jamais eu l'intention d'expédier un instrument d'agriculture.

Paris-Journal.

Fondé par M. Henri de Pène, en 1869, *Paris-Journal* passa à M. Vubrer au commencement de 1870. M. de Pène en resta le rédacteur en chef. Cette feuille eut un grand succès, ses principaux rédacteurs étaient M. Jules Richard, Aurélien Scholl, Victor Koning, E. Schnerb, Jehan Valter, etc. Actuellement la rédaction de *Paris-Journal* est peu nombreuse. Avec M. de Pène il n'y a de rédacteur politique que M. Louis Teste, qui a été rédacteur au *Journal de Paris* et à la *Revue de France*. A côté de ces deux écrivains, nous citerons M. C. Cartillier, qui fait la gazette parlementaire, qu'il signe Clairmont. M. Cartillier a été quelque temps sous-préfet. Ça peut arriver à tout le monde.

Le secrétaire de la rédaction est M. Ch. de Stubenrauch (M. d'Arnau). M. de Stubenrauch est très-décoré et ne sait pas écrire en français. Il aurait pu aussi bien être marchand de lorgnettes que secrétaire de la rédaction d'un journal quelconque. Mais son manque absolu de talent ne lui retire pas les qualités de l'homme du monde. Il n'a jamais pu se faire prendre au sérieux par les journalistes.

M. Émile Mendel est chargé des théâtres et des coulisses. Au *Constitutionnel* il a fait pendant quelque temps le petit courrier des théâtres. Il connaît tout le personnel des scènes parisiennes, il est donc toujours bien renseigné. Il a été secrétaire de la Gaîté sous la direction Offenbach. Depuis plusieurs années il est secrétaire des bals de l'Opéra. Il a eu des succès au théâtre.

La critique musicale, signée Frédérick, est de M. Vurher. Outre son goût pour la musique, M. Vurher a la passion des beaux livres.

M. Bertall s'occupe des nouvelles et des arts. Les chroniqueurs sont MM. Daniel René, Charles Buet (sous le pseudonyme de Vindex), Aymard de Flagy (la comtesse de Mirabeau), Alfred d'Aunay. M. Nicolle fait la chronique du sport.

Comme tous ses confrères, *Paris-Journal* a offert des primes pour stimuler l'abonnement. Vers 1875, il donna des montres. Naturellement, dans la quantité quelques-unes ne marchaient pas, d'autres restaient vingt-quatre heures au même point, puis tout d'un coup les ressorts se mettaient en mouvement, les aiguilles couraient comme affolées et en une minute avaient rattrapé la journée en retard. Un jour l'administration reçut une montre dans sa boîte et une lettre. C'était un abonné qui renvoyait sa prime et écrivait pour demander si on avait voulu se moquer de lui. Sa montre marchait très-régulièrement, mais au rebours. Les aiguilles remontaient de midi à onze heures, de onze heures à dix et ainsi de suite. Cet instrument fantaisiste plongea la rédaction dans une joie folle.

Naturellement l'abonné reçut une autre prime.

Le Soir.

Directeur : M. Vuhrer; secrétaire de la rédaction, M. de Stubenrauch; gazette parlementaire, M. Cartillier; bulletin politique, M. Gaston Gaillardin. M. Gaillardin a été au *Courrier de France et à la Presse*, sous la direction de Robert Mitchel. Sa famille est d'origine italienne, son vrai nom est *Gagliardini*. Rédacteur scientifique, M. C. Lebert (Duverney); critique des théâtres, M. Alphonse Duchemin; critique musicale, M. B. Lomagne; bulletin de la Bourse, M. Vuhrer; informations, M. Joseph Coquet.

Le *Soir* fut fondé vers la fin de l'empire par un financier, M. Merton. Il eut successivement pour rédacteur en chef MM. Edmond About et Hector Pessard. M. Merton s'étant suicidé à Londres, le journal devint la propriété de M. A. Vuhrer.

Au mois de juillet 1878, M. Vuhrer a quitté la direction de *Paris-Journal;* il a été remplacé par

M. Desmaisons, ancien secrétaire général de la préfecture du Rhône. Mais la politique du journal n'a pas été modifiée, la rédaction est restée, sauf M. de Stubenrauch, mais ce secrétaire n'a jamais été considéré comme un rédacteur.

La combinaison des trois journaux n'a pas été détruite par le changement de direction.

X

Le Journal des Débats.

Un véritable rédacteur en chef d'un journal ne doit pas écrire. Pour beaucoup cela semble un paradoxe, mais pour ceux qui connaissent les journaux c'est une règle qui admet bien peu d'exceptions. Cela ne veut point dire que le rédacteur en chef n'est pas capable, tout comme un autre, de faire un article plus ou moins intéressant, mais quand le directeur d'un organe de publicité écrit, il ne veut souffrir autour de lui que des talents secondaires; or, si lui-même n'a qu'une valeur médiocre, que sera celle de ses collaborateurs?

M. Buloz n'écrivait pas, il a créé la *Revue des Deux-Mondes;* les Bertin n'ont point encombré le *Journal des Débats* de leur prose ; M. Bapst, le directeur actuel de cette feuille suit la tradition ; M. Gibiat, au *Constitutionnel*, cause avec ses collaborateurs; M. Edouard Hervé, au *Soleil*, dicte de temps en temps quelques lignes et cependant ces journaux et quelques autres que nous pourrions citer, ont une grande et légitime influence sur le public.

Le *Journal des Débats* a toujours été une arêne où beaucoup de futurs académiciens se sont exercés. Ces rédacteurs, une fois à l'Institut, n'ont jamais oublié l'organe tout-puissant qui les avait aidés et les *Débats* ont eu et ont encore pour collaborateurs des académiciens. Nous citerons M. Cuvillier-Fleury, M. Ernest Renan, M. Charles Clément, M. John Lemoine ; nous ne parlons que de ceux qui y écrivent actuellement; s'il nous fallait tout citer, la liste serait trop longue.

Les rédacteurs politiques sont : M. Ernest Dottain ; MM. Francis et Gabriel Charmes; M. Paul Leroy-Beaulieu, qui s'occupe surtout des questions financières et économiques ; M. Auguste Jacquot, qui traite les questions allemandes ; M. Bérard-Varagnac, qui fait les lettres de Versailles ; M. Emile Legrand, chargé des informations politiques ; M. E. Reyer écrit le feuilleton musical, où il a remplacé Hector Berlioz ; M. Clément Caraguel a succédé à Jules Janin comme critique de théâtre. M. Caraguel avait débuté comme bulletinier en entrant aux *Débats*, mais lorsque, abattu par la maladie, l'auteur de l'*Ane mort* dut abandonner la place qu'il occupait depuis tant d'années, M. Caraguel quitta la politique pour l'art. M. Henri de Parville est chargé de la revue scientifique.

M. Auguste Jacquot est un jeune homme très-intelligent, écrivant bien, connaissant parfaitement la langue allemande. Il a été envoyé comme correspondant des *Débats* à Berlin et pendant la guerre russo-turque de 1877 il est allé en Turquie d'où il a adressé des lettres fort intéressantes sur l'armée turque.

Le correspondant du *Journal des Débats* à Constantinople est M. Le Chevalier, fils du fondateur de l'*Illustration*. Ses lettres dénotent un grand talent d'observation, qualité indispensable à ceux qui écrivent sur les hommes et les choses de l'Orient. Dans la guerre de 1877, le journal de M. Bapst a pris nettement parti pour les Turcs et a prévu la situation que ferait à l'Europe un démembrement de la Turquie. Ce démembrement est accompli, les Anglais sont à Chypre, les Autrichiens en Bosnie ; un chef de sauvages, le prince de Montenegro, a eu son territoire agrandi ; un traître, le prince de Serbie, battu en 1876 par les Turcs, gracié par le sultan, a attendu l'anéantissement des armées ottomanes pour entrer en campagne, il a été récompensé de sa trahison par le don d'une province. Le prussien qui règne à Bucharest, feudataire du sultan, a sauvé les Russes d'une défaite honteuse en mettant son armée à leur disposition, mais ce chef roumain a été assez mal traité, au lieu d'agrandir son territoire on lui a pris une province. Pour récompenser la Roumanie de l'appui qu'elle lui avait prêté, la Russie l'a débarrassée de la Bessarabie et l'a traitée en pays conquis, malgré les protestations du prince Charles et les cris et les réclamations des Bratiano, Colganiceano, Florescu et Cie, dont l'incapacité a été cause de la ruine de la principauté roumaine.

Pour justifier leur nom, les Grecs ont naturellement demandé leur part dans les dépouilles; quand il s'agit de dévaliser un individu ou de prendre une province, le Grec est toujours là. Les ministres du roi Georges ont été déçus, ces descendants de Lycurgue avaient, comme la Serbie, attendu prudemment pour tomber sur le vaincu, mais s'il n'y avait plus d'armée turque pour défendre l'Epire et la Thessalie, il restait au sultan une flotte puissante qui pouvait bombarder les ports grecs et s'emparer des îles de l'Archipel. Aussi les troupes hellènes repassèrent promptement la frontière, laissant quelques milliers de bandits qui, sous le titre de patriotes, se mirent à piller les habitations des musulmans.

Dans cette guerre lamentable, les *Débats* ont défendu avec âpreté le droit contre la force brutale; à propos de la même campagne, nous verrons la *République française* suivre la même ligne de conduite. On remarquait que M. Léon Say, ministre des finances, qui exerce une influence légitime au *Journal des Débats*, dont il est un des propriétaires, laissait combattre la politique russe, tandis que son collègue aux affaires étrangères, M. le duc Decazes, faisait dans les journaux à sa dévotion, soutenir la Russie.

A propos de M. John Lemoine, rappelons de lui une phrase célèbre qui a été attribuée à M. Guizot: « La France est assez riche pour payer sa gloire ! »

La signature Charles Gabriel est le pseudonyme de M. Gabriel Charmes.

XI

La Liberté.

M. Pereire est le principal propriétaire de la *Liberté*. Pour ceux qui connaissent les questions de chemins de fer, il est facile de deviner l'influence de M. Pereire au journal en lisant les articles sur les moyens de transport. M. Péreire n'aime pas les canaux et soutient que les chemins de fer peuvent facilement remplacer les voies navigables.

Voyons les rédacteurs de la *Liberté*. D'abord M. Louis Gal, le directeur. M. L. Gal, officier de la Légion hd'onneur, est né à Marseille.

Entré à l'Ecole navale au concours général de 1842, il a fait la campagne des côtes occidentales d'Afrique. Le brick l'*Abeille* sur lequel il se trouvait fit naufrage dans le golfe de Bénin en 1847 ; il a fait la campagne de Rome en 1849, la guerre de Crimée de 1853 à 1856 ; il fut nommé chevalier de la Légion d'honneur comme lieutenant de vaisseau pour sa belle conduite à l'expédition de Kertch. Il reçut le grade de colonel d'état-major pendant la guerre de Prusse.

Entré au Conseil d'administration du journal *La Liberté* en 1871 M. Gal a été appelé à la direction du journal en 1875, sous le titre d'administrateur délégué.

M. Jules de Précy est un des meilleurs écrivains de la presse parisienne, non point comme polémiste mais comme homme instruit. Il connaît parfaitement les questions étrangères et les traite avec une grande justesse d'appréciation et beaucoup de talent. Il a voyagé longtemps un peu partout et ses voyages ont complété l'écrivain. Le véritable nom de M. de Précy est Fleury.

Le Sénat et la Chambre sont faits par M. Canonne ; M. Lavigne rédige le bulletin et fournit en outre beaucoup d'articles de fonds ; M. Albert

Delpit a le feuilleton dramatique : M. Victorien Joncières le feuilleton musical. M. Delpit a écrit un peu dans tous les journaux, a publié beaucoup de romans et quelques volumes de poësies. C'est un producteur. M. Joncières est un compositeur de talent en même temps qu'un critique.

M. Edouard Drumont ne s'occupe pas de politique mais sa prose n'en a pas moins de charme, au contraire, L'esprit, un esprit d'observation, abonde dans ses chroniques. Ancien employé à l'Hôtel de Ville, il débuta comme journaliste dans le *Moniteur du Bâtiment*, puis son talent se développa, la chrysalide devint promptement papillon. M. Drumont a écrit à la *Chronique Illustrée*, au *Petit Journal*, au *Bien Public*, à la *Gazette* etc.

Les articles de M. le docteur Nicolas sont très-lus. Les pharmaciens n'ont pas à s'en plaindre car un grand nombre de lecteurs de M. Nicolas se persuadent qu'ils sont atteints du mal qu'il décrit et vont acheter des remèdes.

M. Félix Hément fait les feuilletons scientifiques. Il a été longtemps au *Petit Journal*. M. de la Richerie est toujours dans les ministères et les ambassades à la piste des nouvelles.

M. Rigondeau traite les questions orientales sous forme de correspondances. M. Gaston Vassy (Punch) est chargé des informations. Il a succédé à M. Bloch (Lélio). Le véritable nom de M. Vassy est Perrodeau. M. Lestrade, qui cherchait les faits divers a eu la chronique de l'Exposition. M. Lestrade se nomme Teula. Derrière le pseudonyme de Jennius se cache la personnalité de M. Victorin Joncières. La chronique du sport est signée de Kerguen ; le bulletin des tribunaux est fait par M. Ozun.

M. Emile de Girardin a été jusqu'en 1871 propriétaire de la *Liberté*. Il céda ce journal à M. Léonce Détroyat qui fut à son tour remplacé par M. Louis Gal.

XII

L'Univers.

Supprimé sous l'empire, l'*Univers* reparut en 1867. Le nom de M. Louis Veuillot suffit pour lui attirer des lecteurs. Le célèbre écrivain catholique est de ceux — et ils sont rares — dont le nom prononcé fait retourner la foule. Les abonnés du *Rappel* et de la *Lanterne* n'ont jamais lu une ligne de M. Louis Veuillot, mais ils le détestent et ramènent sur leurs yeux leurs bonnets phrygiens, quand les organes de la démocratie avancée parlent de lui.

Presque tous les écrivains libres-penseurs ont essayé leurs forces contre M. Veuillot, en l'insultant en mauvais français. Les caricaturistes se sont mis de la partie et ont pu glaner ainsi quelques sous, grâce au rédacteur en chef de l'*Univers*. Si ces dessinateurs radicaux n'avaient pas le clergé, la magistrature et l'armée à tourner en ridicule ils seraient incapables de gagner leur pain quotidien.

Un des types les mieux réussis de ces êtres hargneux et impuissants a été l'illustre Pillotel un des fantoches de la Commune. Mais revenons à l'*Univers*.

Les collaborateurs de M. Louis Veuillot sont nombreux et connaissent à fond les questions qu'ils traitent. Nous citons seulement leurs noms, on connaît leur valeur comme écrivains. Le premier lieutenant de M. Louis Veuillot est son frère, M. Eugène Veuillot ; M. Auguste Roussel est un polémiste de l'école du directeur de l'*Univers;* M. Léon Aubineau a moins d'âpreté et de mordant que M. Roussel. M. Arthur Loth, juriste consommé, fait les articles de droit; M. Ph. Serret traite les questions sociales. Ancien avocat, ancien procureur général, M. Serret a perdu la vue depuis longtemps. M. A. Rastoul, militaire devenu journaliste — il a été lieutenant d'infanterie — est chargé de la revue des journaux ; la critique littéraire est faite par M. Eug. de Margerie; M. l'abbé Jules Morel s'occupe des questions théologiques ; M. Leclerc a pour spécialité l'agriculture et l'industrie ; M. Edmond Demolins, de l'École des Chartes, écrit les lettres historiques; M. Th. de Caër faisait une chronique sous le titre de *Crayons parisiens*, qui ne paraît plus, et M. Nemours-Godré a la chronique musicale ; M. Frohm traite la question allemande, M. Coulvier Gravier rédige la revue scientifique. M. Paul Lapeyre ancien secrétaire de M. Louis Veuillot, n'a pas d'attribution définie, il écrit un peu sur tous les sujets.

M. A. de Batz de Cugnac écrit assez souvent dans l'*Univers*, ainsi que M. le comte de La Tour et M. Jean Messire.

M. Fayet, ancien professeur à Châteauroux, traite les questions pédagogiques. L'*Univers* publie aussi des vers de M. de Lorgeril. C'est le seul poëte admis.

Au journal de M. Louis Veuillot, la discipline est sévère, il n'y a pas cette liberté qui existe dans les autres journaux, à quelque opinion qu'ils appartiennent. De plus, il est défendu aux rédacteurs de solliciter ou d'accepter des décorations de n'importe quel gouvernement. Les ordres pontificaux ne sont pas exceptés.

XIII

L'Estafette.

Quand M. Léonce Détroyat quitta la *Liberté*, en 1876, il créa un nouveau journal qui prit pour titre le *Bon-Sens*. Presque en même temps, M. de Villemessant fondait l'*Estafette*, mais le directeur du *Figaro* se lassa bientôt de cette nouvelle création et la céda à M. Détroyat qui fondit les deux journaux et garda le titre de l'*Estafette*.

Ancien officier de marine, M. Détroyat a fait l'expédition du Mexique. Rentré dans la vie civile, il acheta à M. de Girardin la *Liberté* et devint en quelque temps un journaliste de la bonne école.

Il reprit du service pendant la guerre. Comme notre but n'est point d'écrire des biographies mais de citer simplement quelques faits et surtout des noms, nous passons aux collaborateurs de M. Détroyat dont la personnalité est assez en relief pour qu'il soit inutile de répéter ce que tout le monde connaît.

M. Arthur Hustin, secrétaire de la rédaction, a débuté à la *Liberté* et a suivi M. Détroyat à l'*Estafette*. Esprit sérieux et pratique, tout lui passe sous les yeux ; doué d'une mémoire prodigieuse, il se souvient des moindres faits insérés dans le journal. Il est licencié en droit. M. Hustin est un des auteurs des deux volumes : *Biographie des sénateurs et des députés*, par trois journalistes.

En lisant ses articles on devine sans peine que M. Moireau est un normalien. Son style est d'une correction parfaite. Il signe des pseudonymes de Morel et Beaulieu, connaît l'anglais et l'allemand. Il a collaboré à la *Nation*. Au physique M. Moireau est raide et compassé comme son style, il s'écoute parler. Pendant plusieurs mois il ne salua pas un collaborateur, ne ferma jamais les portes derrière lui, entrant comme un automate et sortant de même. C'était le canard de Vaucanson fait homme. Il parait que M. Moireau trouvait ce sans-gêne du dernier goût et croyait donner par là une haute idée de son éducation. C'est une illusion que nous serions désolé de lui enlever. Il égayait ses collaborateurs et les compositeurs ; il n'y avait pas même jusqu'aux garçons de bureau qui ne se permissent des plaisanteries sur le rédacteur à l'amidon. Il fume la cigarette toute faite

D'apparence maniaque, criant sans cesse, M. Oury est au fond le meilleur garçon du monde et toujours disposé à rendre service. Il a une affection particulière pour les caniches noirs. Ami de M. Geoffroy Saint-Hilaire on le rencontre fréquemment au jardin d'acclimatation. Il a aussi la passion de déménager souvent. Pour un rien il se fâche avec son portier. Il va tous les ans passer un mois à la Bourboule.

Un ancien officier, inspecteur de la banque de France, M. Lafuente (1), a fait longtemps sous le pseudonyme de Freudenthal, la chronique militaire à l'*Estafette*. Mise élégante et soignée, décoré, M. Lafuente n'allait au journal que le dimanche.

Le secrétaire de M. Détroyat est M. Richard qui

(1) Il a quitté le journal au mois de juillet 1878.

a rédigé les tribunaux à la *Liberté*. M. Richard cherche des nouvelles dans les autres journaux. Il plonge les compositeurs dans le désespoir à cause de son écriture illisible. C'est le véritable type de l'homme tranquille.

M. Paul Hendré signe des pseudonymes de Spavento et Pangloss. Il a fait ses débuts de journaliste à la *Liberté*. Fils d'un avoué de Lille, il a été clerc d'avoué. Il est affligé de la manie du calembourg par à peu près. Outre les échos, il est chargé de la gazette parlementaire et des nouvelles de Versailles.

Sous le pseudonyme de *Strapontin*, M. Paul Burani rédige le courrier des théâtres, et la chronique sous celui de *Cocambo*. Il a écrit des vers signés *Oronte*. Sauf la politique, M. Burani fait de tout à l'*Estafette*. C'est le meilleur des camarades. Il a débuté par des chansons dont quelques-unes ont eu un grand succès. Nous citerons les *Pompiers de Nanterre*, les *Baisers*, le sire de *Fiche-ton-camp*, à *Chaillot ma bonne femme* etc. M. Burani a été rédacteur en chef de la *Rive Gauche*, journal des cafés-concerts. Cette feuille lui valut une condamnation à un séjour de trois mois à sainte-Pélagie. Il a été aussi auteur, éditeur de musique, secrétaire de Timothée Trimm (Léo Lespès), a écrit à l'*Événement*. Il a eu des succès au théâtre.

M. Albert Duchesne, fils du greffier de la cour de cassation fait la chronique des Tribunaux. Il est inscrit au barreau. Il signe quelquefois sa chronique du pseudonyme de Jacques ; c'est un amateur de chorégraphie et du patinage à roulettes.

La chronique maritime est faite par un ancien officier de marine, ami de M. Détroyat, M. Labrousse, qui signe L. Carlon. M. le docteur Lander rédige chaque semaine le carnet du docteur. Il porte un chapeau à larges ailes, genre Floquet, une canne gourdin. Mais malgré ces apparences radicales, M. Lander est un savant médecin et très-obligeant.

M. Armand Silvestre est chargé de la critique dramatique. C'est un poète de talent, auteur de plusieurs pièces représentées avec succès sur différentes scènes parisiennes. Il a écrit à l'*Opinion Nationale* sous le pseudonyme de Ludovic Hans. Il est sous-chef de bureau au ministère des Finances. Quand ces lignes paraîtront la pièce en deux actes à laquelle il travaille en collaboration avec M. Détroyat sera peut-être terminée.

Le critique musical qui signe Aulétés ne paraît jamais au journal.

Les informations politiques sont faites par M. Cahen; le comte Gaston Deserres rédige le menu du jour qu'il signe Vatel. M. Weil est chargé de la semaine parisienne. M. Dell Vall, neveu de M. Détroyat est un mexicain. Il s'occupe du bulletin financier.

On ne saurait parler de l'*Estafette* sans citer le nom de son administrateur-gérant, M. Oscar Sandré, que ses amis, et ils sont nombreux, appellent tout simplement Oscar. Il a dirigé l'administration du *Rappel*, du *Courrier de France*. Né à Bordeaux, il a été un des agents les plus actifs de M. Mitchell dans la campagne électorale de ce dernier comme candidat bonapartiste de la Gironde. M. Détroyat met son administrateur à toutes sauces.

Oscar dit qu'il a étudié la médecine. Il a bien fait de renoncer à la profession médicale, il est mieux dans son élément avec les journalistes.

XIV

Le Temps.

Dans le premier chapitre sur les journeaux à Paris, nous avons longuement parlé du *Temps*. Nous citerons dans ces quelques lignes les noms de ses collaborateurs. D'abord M. A. Hébrard, directeur. Homme charmant, serait fort embarrassé de citer le nom d'un ennemi à lui. Quant à son intelligence, le *Temps* suffit pour la démontrer.

M. Schérer écrit les *Lettres de la Province*; MM. Jacques Hébrard, du Bouzet, Le Reboullet, sont chargés de la chronique ; M. Francisque

Sarcey fait les théâtres; M. Weber, un nom prédestiné, la musique; M. Vernier les sciences.

M. André Lavertujon, ancien rédacteur en chef de la *Gironde*, M. Jannerod, M. Schérer rédigent les articles politiques. M. Charles Blanc, M. Ernest Legouvé de l'académie française sont des collaborateurs littéraires du *Temps* ; ainsi que M. Soury, auteur d'une vie de Jésus tombée à plat : on ne refait pas M. Renan; M. Jules Loiseleur l'érudit bibliothécaire de la ville d'Orléans, et M. Anatole France écrivent aussi au journal de M. Hébrard.

XV

L'Évènement.

Fondé par M. A. Dumont, ancien associé de M. de Villemessant au *Figaro*, l'*Evénement* est devenu la propriété de M. Edmond Magnier après la retraite de M. Dumont. M. Magnier aime voir son nom imprimé, aussi est-il en tête de son journal deux fois, comme administrateur et comme rédacteur en chef.

M. Edmond Magnier a été rédacteur en chef de la *France du Nord*, organe bonapartiste de Boulogne-sur-Mer; du *Figaro*, après le 4 septembre, mais l'arrivée de M. de Villemessant mit promptement fin à cette dernière situation.

Les chroniqueurs sont : M. Aurélien Scholl, auteur dramatique, poëte, romancier. Rédacteur de l'ancien *Figaro*, M. Scholl a fondé le *Nain-Jaune*, le *Lorgnon* et collaboré à un grand nombre de journaux; M. Charles Monselet qui est comme M. Scholl, poëte, romancier et auteur dramatique. Il s'est fait une réputation de gourmand que nous croyons surfaite.

M. Georges Duval signe *Tabarin*. Il a publié un roman chez Dentu et réuni en volume ses notes sur le théâtre.

M. Octave Robin complète le quatuor des chroniqueurs de l'*Evènement*. Cependant MM. Eugène Chavette et Philibert Audebrand fournissent assez régulièrement des chroniques à M. Magnier.

M. Hippeau et M. Dehau traitent les questions politiques. M. Arthur Pougin est chargé de la critique musicale; M. Ryau, du sport; M. P. Lefort, des Beaux-Arts; M. Corra, des tribunaux; M. Stephen, de la chambre; M. Georges Duval, des théâtres.

Citons encore parmi les autres collaborateurs de M. Magnier : M. Arsène Houssaye ; MM. Gonzague et H. Privat; M. Paul Arène; M. Flammarion; M. Léon Cladel.

M. Scholl signait Gérard de Frontenay.

N. B. — Une partie de la rédaction de l'*Evénement* a quitté ce journal pour suivre M. Aurélien Scholl au *Voltaire*. Voici les noms des écrivains qui ont remplacé les partants : MM. Pierre Véron et Léon Chapron.

XVI

La France.

Après avoir eu pour directeur politique, sous l'Empire, M. de la Guéronnière, la *France* suit actuellement l'impulsion de M. Emile de Girardin. C'est dire que les idées qu'elle défend en 1878 sont tout à fait opposées à celles qu'elle soutenait avant 1870. C'est le 16 mai qui a fait le succès du journal acquis par M. de Girardin. En vain avait-il pris parti pour les Russes contre les Turcs avant le début des hostilités de la guerre d'Orient, ses violences trouvaient le public froid et indifférent. Vint le 16 mai 1877, on crut d'abord avoir affaire à un ministère énergique, et les opposants attendirent, mais lorsqu'on s'aperçut que M. de Broglie et ses collègues étaient décidés à n'user que des moyens les plus mesquins pour combattre leurs adversaires, c'est-à-dire à frapper un porteur d'un journal d'opposition et à ne point inquiéter le directeur de cette même feuille, le courage reparut. Les violences furent proportionnées à la crainte qu'on avait eue tout d'abord.

M. de Girardin se mit de la partie attaquant les ministres et leurs actes avec une vivacité qui amusait la galerie. Le ministère insulté faisait mettre à pied de malheureux vendeurs ou porteurs en supprimant la vente dans les gares, c'était une façon étrange de punir ses contradicteurs. De son côté, M. Léon Lavedan, dans le *Bulletin des Communes*, essayait de lutter de grossièretés avec ses adversaires, il fut vaincu.

Les républicains comprirent aussitôt les services que pouvait leur rendre M. de Girardin. Ils prirent des milliers d'exemplaires de la *France* et par leurs comités et sous-comités les répandirent quotidiennement sur toute la surface du pays. Au 14 octobre, M. de Girardin fut élu député. Sa candidature fut combattue dans le parti républicain, on ne croyait pas à son républicanisme, mais on décida qu'il fallait le ménager, lui donner la satisfaction qu'il désirait, qu'aux élections prochaines il serait peut-être mort, son âge permettant d'espérer cette solution radicale, ou, que s'il s'entêtait à vivre, on le jetterait tout simplement par-dessus bord.

M. de Girardin cherche naturellement à maintenir sa position dans le parti républicain ; ayant traité dans un journal les bonapartistes de charlatans, il s'attira de M. Robert Mitchell une réponse très-spirituelle que nous reproduisons pour l'édification de nos lecteurs :

« En ce temps-là, nous marchions, vous et moi, la main dans la main, et j'ai conservé de précieux témoignages de cet accord dont j'étais, dont je suis encore fort honoré.

« Vous souvient-il d'un soir de mai où j'eus la bonne fortune de me rencontrer avec vous à la table de notre ami commun, M. Emile Ollivier, premier ministre de Napoléon III?

« Le plébiscite, conseillé par vous, organisé par vos soins, avait confirmé les titres de la dynastie.

« Nous étions confiants dans l'avenir ; vous espériez beaucoup du régime nouveau, et vous prononçâtes à cette occasion un discours que tout le monde applaudit, et dont j'ai retenu fidèlement l'audacieuse péroraison :

« Mon cher Ollivier, dites-vous, vous avez inauguré en France le règne de la liberté, rendez maintenant à notre pays ses frontières naturelles, et vous serez un grand ministre. »

« J'eus le regret, mon cher collègue, de ne point partager cette opinion, et, à quelque temps de là, tandis que vous invitiez sérieusement l'empereur à « chasser les Prussiens de Mayence et de Cologne, *à coups de crosse dans le dos* », je combattais les idées de guerre ; je célébrais dans le *Constitutionnel* une solution pacifique, que je jugeais définitive, une victoire, disais-je, qui ne coûte ni une larme, ni une goutte de sang. »

« Que voulez-vous, mon cher collègue, vous aviez oublié « les malheureux ouvriers qui avaient perdu la vie dans les batailles passées », moi, je songeais aux malheureux ouvriers et paysans qui allaient perdre la vie dans la guerre à laquelle vous poussiez témérairement la France.

« Ce fut, à cette époque du moins, notre premier dissentiment.

« Et maintenant, appelez-nous *charlatans* si bon vous semble, c'est une injure que pour ma part je ne releverai pas. »

Le secrétaire de la rédaction de la *France* est M. Charles Laurent, fils de la célèbre actrice Marie Laurent. M. Laurent, presque un débutant dans le journalisme, ne possède qu'un talent tout à fait à l'état embryonnaire. A peu près inconnu, n'ayant jamais rien produit; à peine âgé de vingt-six ans, il a été décoré au mois d'août 1878. M. de Girardin voulait que son collaborateur eut la croix. Il n'avait qu'à choisir dans ses autres collaborateurs pour faire un meilleur choix.

M. Camille Farcy, sous-préfet sous l'empire, a écrit au *Figaro*, à *l'Évènement*. Il a fait la campagne de 1870-71 et a été comme correspondant de la *France* en Serbie et en Roumanie pendant la guerre russo-turque. Écrivain plein de verve.

M. Louis Liévin est un véritable journaliste. Il a débuté vers 1861 à la *Revue Bibliographique*; il écrit à la *Revue contemporaine*, au *Soir*. Il a soutenu dans le Finistère, la candidature de M. de Kératry. M. André Treille a écrit dans les journaux de Lyon avant de venir à Paris. Il est correspondant du *Courrier de Lyon*. M. Amédée Le Faure s'est fait une spécialité des questions militaires. Il a publié chez Lemerre un volume intitulé: *Aux Avant-Postes*. M. Henri de Lapommeraye fait la critique théâtrale. Ancien employé à l'Hôtel de Ville, M. de Lapommeraye débuta dans de petits journaux, le *Bâtiment*, la *Presse théâtrale*. Attaché au cabinet de M. Chaix d'Est-Ange, sénateur, il continua d'écrire à la *Petite Presse* sous le nom d'Allebert. Après le 4 septembre il fit partie de la rédaction de la *Liberté* et plus tard entra à la *France*. Il est professeur au Conservatoire de musique.

M. Paul Bonnaud, ancien secrétaire de M. de Montalembert est aussi rédacteur de la *France*. Il s'occupe particulièrement des questions commerciales.

Le docteur E. Decaisne est le doyen de la rédaction de la *France*. Collabore au journal depuis 1868 et à plusieurs recueils scientifiques. Lauréat de l'Institut, auteur de plus de quarante mémoires lus à l'Académie des sciences et à l'Académie de médecine, membre de la plupart des sociétés scientifiques. Chargé de la partie scientifique du journal, il y publie chaque semaine sous le titre de:

La Santé publique, des articles sur toutes les questions médicales à l'ordre du jour, s'attachant surtout à défendre les intérêts du corps médical, à flageller impitoyablement les exploiteurs de la crédulité publique, et à percer à jour les promesses menteuses des prospectus et de la quatrième page des journaux. Ses articles sont beaucoup reproduits par la presse de province et de l'étranger. Il vient de publier un dictionnaire de médecine.

M. Decaisne, qui ne partage en aucune façon les idées politiques du journal la *France*, y soutient les siennes avec une grande indépendance et une grande liberté d'allures, que lui laisse M. de Girardin.

M. Adolphe Kubly est chargé des renseignements. C'est un coureur infatigable rendant les plus grands services aux journaux qui l'emploient. Il travaille aussi pour le *Petit Journal*.

XVII

L'Union.

Si nous avions classé notre travail selon l'ancienneté et la notoriété, l'*Union* eut dû paraître dans les premiers chapitres du volume. Mais les journaux anciens ont leur réputation faite, on est habitué à eux de longue date, on connaît leurs opinions politiques. L'*Union* a le mérite rare d'être restée fidèle à un principe, elle a été, elle est restée légitimiste. C'est ce qui a fait sa gloire et aussi sa force.

Le parti légitimiste a d'autres organes importants ; mais quand on veut connaître l'opinion du chef de la maison de France on consulte l'*Union*. C'est à l'*Union* que Mgr le comte de Chambord envoie ses communications, aussi tous les légitimistes de France — il y en a plus qu'on croit — sont-ils abonnés à ce journal.

L'*Union* a englobé deux autres organes légitimistes : l'*Écho Français* et la *Quotidienne*.
Ses rédacteurs sont : M. Sébastien Laurentie, fils de M. Laurentie qui a été pendant de longues années rédacteur en chef du journal; M. Poujoulat ; M. le vicomte de Mayol de Lupé ; M. Dubosc de Pesquidoux ; M. Godleski ; M. de Puiseux M. Neychens, M. Daniel Bernard. Ce dernier s'occupe surtout de littérature. L'administrateur est M. Chesnier du Chesne.

XVIII

Le Rappel.

Après le *Journal officiel* de M. le comte de Chambord l'organe non moins officiel de M. Victor Hugo. Le grand poëte a chanté la légitimité, la branche cadette, Napoléon, la République, Dieu, la commune, la Libre pensée. Dans le *Rappel* c'est lui qu'on encense. La masse qui ne l'a jamais lu crie : Vive Hugo ! et pour faire plaisir aux incendiaires de Paris, l'auteur des *Orientales* combat la religion et préside les réunions où des énergumènes crient contre le clergé, déblatèrent contre l'armée et la magistrature.

Il a une telle soif des applaudissements de la

multitude qu'au dernier des cabotins de lettres lui adressant un volume, il répond immédiatement une lettre des plus flatteuses. Olympio à qui l'on rappelle son passé de chrétien et de monarchiste, — il savait alors ce qu'il faisait, ayant dépassé la quarantaine—, s'abaisse jusqu'au mensonge pour démontrer qu'il a toujours été ce qu'il est actuellement. On fouette un enfant qui ment, on méprise l'homme qui fausse la vérité, eh bien! le grand poëte, l'auteur des *Orientales* et de *Notre-Dame de Paris* est un farceur. A soixante-seize ans il essaye de tromper le public.

Au lieu d'avouer hautement ses opinions de 1848 à 1850, il les dissimule. Il fait réimprimer les discours qu'il a prononcés à la Chambre à cette époque et il les mutile pour les mettre en harmonie avec ses idées de 1878. Il supprime les passages où il parle de la Religion, de la Famille, où il flétrit le socialisme. Qu'on lise son livre et que l'on se reporte au *Moniteur* où sont insérés tout au long ses discours et on découvrira facilement la fourberie. Quand M. Hugo dit que s'il a subi jusqu'à plus de quarante ans l'influence religieuse c'est qu'il a été élevé par un prêtre, c'est une plaisanterie.

Qu'on lise dans *Victor Hugo raconté par un témoin de sa vie* les détails sur son enfance, et l'on verra que ce fameux prêtre était un défroqué dont la religion était le moindre souci. Ce précepteur ne s'occupait pas de morale et de religion et laissait à ses élèves, les fils Hugo, la plus entière liberté dans le choix de leurs lectures. Du reste madame Hugo (mère) partageait cette manière de voir. A treize ans ils avaient *Faublas* et une foule d'autres livres obscènes, et ils ne savaient pas leur catéchisme.

L'ouvrage dont nous parlons a pour auteur madame Victor Hugo et n'a paru qu'après avoir été revu et corrigé par M. Hugo qui a fourni tous les détails sur son enfance.

Quand, vers la fin de l'Empire, on songea à fonder le *Rappel*, les amis de M. Hugo se mirent en campagne pour trouver de l'argent. Les plus ardents parmi ces chercheurs étaient les deux frères Derode, parfaitement inconnus du reste, et M. Albert Barbieux, qui fut gérant du journal. M. Barbieux fut en 1875, arrêté sur le boulevard, pour cause d'ivrognerie. On trouva sur lui des lettres de M. Rochefort et d'autres communards réfugiés en Suisse.

Le *Rappel* eut un grand succès. Ce succès se continue en 1878, quoique dans des proportions moindres. D'autres journaux radicaux ont été créés et font à la feuille de M. Hugo une concurrence sérieuse.

Le rédacteur en chef est M. Auguste Vacquerie, un certain talent littéraire que la politique a dévoyé. On aura oublié depuis longtemps son passage au *Rappel* qu'on lira encore les *Miettes de l'Histoire*, et *Profils et grimaces*. M. Vaquerie adore la réclame, d'où qu'elle vienne. C'est un travers fort commun chez les gens de lettres.

M. Paul Meurice ; pas l'ombre de talent, pas d'idées. Ce qu'un journaliste peut désirer lorsqu'il a fait un article dont il n'est pas satisfait, c'est d'avoir pour voisin un article de M. Meurice. La prose insipide de l'auteur de *Cesara* lui donnera de la valeur. M. Edouard Lockroy : très-spirituel en quelques lignes, se perdant dans les détails lorsqu'il veut donner trop de développement à la pensée. A été comme son ami Henri Rochefort, au *Figaro*. M. Camille Pelletan, fils de M. Eugène Pelletan, sénateur ; style vif, trouvant le mot qui écorche ; M. Gautier, ancien rédacteur du *Temps*, passé au *Rappel*, a essayé de fonder un journal qui a disparu comme il était venu, sans bruit. M. Louis Asseline, mort brusquement en juin 1878, a traité longtemps au *Rappel* les questions étrangères sur lesquelles il était devenu d'une force remarquable. M. Asseline était un travailleur acharné qui outre sa collaboration au *Rappel* adressait une correspondance quotidienne à plusieurs journaux de province et publiait des livres.

M. Ernest d'Hervilly, un poëte auteur d'œuvres remarquables ; il signe *un Passant*. M. Ernest Blum s'occupe du courrier des théâtres et aussi d'affaires de Bourse. Ses coréligionaires politiques rient encore de sa déconvenue, lorsque faillit rentrer en 1873 le comte de Chambord. La chose paraissait tellement certaine que les financiers républicains basaient leurs opérations sur cette restauration, qui n'eut pas lieu. Tous perdirent de l'argent, M. Blum fut, dit-on, du nombre.

M. Amédée Blondeau fait le dehors, élections, réunions publiques, banquets. M. E. Hément fournit des renseignements politiques. Le gérant du journal est M. Marius Pelleport.

On voit quelquefois au *Rappel* M. Mario Proth, écrivain qui n'a tenu aucune des promesses de sa jeunesse. Il est aussi inconnu en 1878 qu'en 1860 ou 61 quand il publiait sa brochure : *Place aux jeunes !* Depuis cette époque beaucoup se sont fait un nom dans les lettres et dans les arts, et M. Proth est resté. Comme littérateur, c'est un homme à la mer, et pourtant il avait du talent.

XIX

Le Soleil.

Lorsqu'il créa le *Soleil*, M. Edouard Hervé dirigeait le *Journal de Paris*; ce dernier ayant cessé de paraître, on ne s'occupa plus que du nouveau-né; son succès s'accrut dans des proportions étonnantes et parmi les grands journaux, il vient, comme chiffre d'exemplaires tirés, immédiatement après le *Figaro*.

M. Hervé, rédacteur en chef et seul propriétaire du *Soleil*, dirige le journal, où il n'écrit que fort rarement et de petits entre-filets; mais il inspire tout et voit tout. C'est une tâche assez lourde pour un véritable rédacteur en chef; comme le vieux Bertin, des *Débats*, M. Hervé lit ce qui passe dans son journal ; qu'il soit au théâtre ou dans le monde, il trouve le moyen de s'échapper un moment pour lire les épreuves du numéro du lendemain et donner le bon à tirer. Ajoutons la lecture des manuscrits, des romans, des variétés, les soins donnés à la direction matérielle, les traités à passer, ce qui concerne l'administration d'un journal qui tire de quarante à cinquante mille, les relations avec les hommes politiques, il ne reste guère à un rédacteur en chef le temps de faire beaucoup d'articles.

Le *Soleil* ne fait de *politique* que juste ce qu'il faut pour tenir ses lecteurs au courant des faits intérieurs et extérieurs, c'est-à-dire un bulletin et un article sur la question à l'ordre du jour. Si M. Hervé est l'inspirateur, c'est M. A. de Cesena qui est le principal rédacteur politique. C'est un des doyens de la presse ; il a débuté dans le journalisme en province sous la monarchie de juillet et rédigé en chef jusqu'en 1848 une feuille importante à Angers.

Après 1848, il est venu à Paris, a été rédacteur en chef de *la Patrie*, du *Constitutionnel*, a fondé le

Courrier du Dimanche ; il a collaboré au *Figaro*, publié des lettres sur les chambres au *Courrier de France* et à *la Presse*, de 1871 à 1875.

Le secrétaire de la rédaction est M. Charles Canivet, un travailleur infatigable et un lettré. Sans rien négliger de tout ce qui incombe à un secrétaire de rédaction, entrefilets, nouvelles étrangères, nouvelles officielles, mise en pages, sous le pseudonyme de *Jean de Nivelle*, M. Canivet donne chaque jour une causerie qui obtient un succès des plus mérité où les questions ou faits du jour sont examinés à un point de vue plus élevé, sous une forme légère et toujours spirituelle.

M. Canivet publie en outre chaque semaine une revue littéraire ou des études sur les écrivains contemporains, qui sont des pages de véritable critique.

La partie informations qui compte nécessairement un certain nombre de collaborateurs a eu depuis près de deux ans pour principal metteur en train M. Émile Cardon, à qui est réservée la revue des beaux arts et qui, depuis le mois de janvier 1877, publie chaque semaine une causerie artistique sous le titre de *Notes et Croquis*. C'est lui qui rend compte aussi du Salon et des Expositions particulières qui se produisent à Paris ou dans les départements et même à l'étranger. C'est ainsi qu'il est allé à Anvers pour le *centenaire de Rubens* et en janvier 1878 à Madrid pour les fêtes du mariage du roi Alphonse.

M. Émile Cardon est un vieux journaliste; il a été au *Figaro*, au *Figaro-Programme*, à l'*Événement* de M. Villemessant, au *Paris-Magazine*, au *Gaulois*, pour lequel il a suivi le corps de Mac-Mahon, depuis Reischoffen jusqu'à Sedan. A Reischoffen, il a été fait prisonnier, ainsi que M. Chabrillat du *Figaro*, et il fut sur le point d'être fusillé par les Prussiens. C'est lui qui le premier a rapporté les renseignements sur Sedan que, seul le 4 septembre, publiait *le Gaulois*. Secrétaire de la rédaction du *Gaulois* pendant le siége, et à Versailles pendant la Commune, il a quitté le journal en septembre 1871, pour entrer au nouveau *Courrier de France*, fondé par M. Debrousse. Il a été à *la Presse* jusqu'en 1875. Au *Courrier de France*, il a pendant quelque temps fait le feuilleton dramatique, à *la Presse* la Revue musicale ainsi que le Salon. Comme écrivain d'art, M. Émile Cardon est un des plus appréciés par les artistes et les amateurs.

Pendant toute la durée de l'Exposition universelle, M. Cardon a été spécialement chargé de tout ce qui concernait cette grande exhibition, comptes rendus, nouvelles, informations.

La critique dramatique et musicale est confiée à M. Jules Guillemot, qui a eu quelques pièces jouées au Gymnase ; c'est un ancien collaborateur du *Journal de Paris*.

Les Échos de théâtre sont rédigés par M. Aubert, ancien secrétaire des Bouffes et de la *Scala*, auteur de petits vaudevilles, très au courant de ce qui se passe dans le monde des théâtres.

M. Testelin qui est chargé de centraliser les informations a la passion de la peinture. Il manie le pinceau avec une certaine habileté. M. Justin Améro traduit les journaux anglais.

.:.

M. Hervé a aussi fondé un journal hebdomadaire, *le Soleil illustré*, qui s'est fait une belle place dans les publications de ce genre. Ses principaux rédacteurs sont ceux du *Soleil*. Le *Soleil illustré* vient de changer de nom ; il s'appelle maintenant le *Soleil littéraire*.

XX

La Défense sociale et religieuse.

Nouveau venu dans le monde de la publicité, le journal de Mgr Dupanloup s'est fait une place, que beaucoup d'autres feuilles bien plus âgées n'ont point su conquérir. Il est vrai que le nom de l'illustre évêque d'Orléans a été pour quelque chose dans le succès de la *Défense,* mais ce succès s'est maintenu et a grandi grâce au talent des rédacteurs du journal. Toujours sur la brèche, ils ont su se faire redouter, et leurs adversaires n'ont pas toujours enregistré les rudes corrections qu'ils ont reçues.

Le directeur ou l'inspirateur de la *Défense* a été Mgr Dupanloup qui lisait son journal du commencement à la fin. Rien ne lui échappait et quand un fait divers n'était point à l'alignement, il écrivait. Qu'il se trouvât à Ville d'Avray, à Orléans ou en Savoie, le prélat correspondait toujours avec ses collaborateurs.

Le rédacteur en chef est M. le baron d'Yvoire, ancien député de la Haute-Savoie, compatriote de Mgr Dupanloup. Il a pour le suppléer, M. Durand-Morimbeau qui signe Henry des Houx. En 1877, la *Défense* eut une querelle avec un autre journal conservateur, querelle courtoise du reste. L'adversaire de la *Défense* crut que les articles en réponse aux siens étaient de l'évêque d'Orléans tant la logique en était serrée. Il s'agissait du *Syllabus*. L'écrivain laïque renonça à la lutte, celui qui l'avait poussé à bout était M. des Houx (1).

Les autres rédacteurs politiques sont M. Hairdet, dont le véritable nom est Denaix ; M. de Testa, qui a pour spécialité les questions étrangères ; M. le comte Grobinski, M. le comte Charles Conestabile, ces deux derniers sont des anciens élèves du séminaire de Saint-Mesmin, fondé par l'évêque d'Orléans ; M. Urbain Guérin.

(1) M. des Houx a succédé à M. d'Yvoire qui s'est retiré.

La chronique religieuse est faite par M. l'abbé Rigereau qui signe Jouin ; M. Coste, avocat, rédige les tribunaux ; M. le docteur Jeannel, professeur à la faculté catholique de Lille, traite les questions scientifiques. La revue des théâtres est signée Gérald, pseudonyme de M. d'Arlhac ; M. Emard est chargé du bulletin financier.

Le secrétaire de la rédaction est M. Charles Grimont qui a été rédacteur au *Peuple Français*, à l'*Ordre*, à la *Correspondance universelle*. Il connaît à fond son métier ; le jour il n'est occupé qu'à son journal, dans la soirée il en parle, la nuit il en rêve, pour avoir le premier une nouvelle, il ferait le tour de Paris à pied.

Les chroniques sont de mademoiselle Augusta Coupey, qui a du talent, de mademoiselle Clarisse Bader ; de mademoiselle de Cossole. Ce trio féminin ne vaut pas Bachaumont ou Dancourt ; c'est le côté faible de la *Défense*.

M. Rigondeau a fait les correspondances d'Orient, de Vienne et de Berlin. M. le comte de Champagny a été un des collaborateurs de Mgr Dupanloup ; M. Duboys, avocat au conseil d'État et à la cour de cassation, a donné à la *Défense* des articles très-remarquables.

XXI

Le Siècle.

Ce journal démocratique — bourgeois — voltairien — a dû son succès à sa spécialité de manger du prêtre. M. Louis Jourdan était le champion chargé de lutter contre le christianisme ; avec un pareil adversaire les cléricaux avaient beau jeu, le plus faible des écrivains catholiques étant comme instruction bien au-dessus de M. Jourdan, que ses lecteurs prenaient au sérieux. Mais selon le proverbe: *Dans le pays des aveugles, les borgnes sont rois*, il avait de nombreux admirateurs.

Depuis la mort de M. Havin, le *Siècle* s'est

relevé sous le rapport littéraire, la rédaction a été renforcée. M. Castagnary, nature d'artiste, s'est mis à politiquer ; il fait partie du conseil municipal de Paris. Comme homme politique M. Castagnary n'a pas conquis une grande notoriété, mais il a perdu beaucoup de sa réputation littéraire.

M. Louis Jourdan est complètement oublié, on ignore qu'il existe. Ce fait prouve que les lecteurs du *Siècle* ont changé ou sont plus instruits. M. Edmond Texier est un écrivain spirituel. Sous la direction de M. Havin, sa prose dans les colonnes du *Siècle* produisait l'effet d'une rose dans un champs d'orties.

M. Debridges a écrit dans les journaux financiers. Un jour il eut l'idée de faire un livre, il copia tout simplement un ouvrage de Frédéric Gaillardet sur le chevalier d'Eon. M. Jourdan signa le volume qui parut chez Dentu. Sur ces entrefaites, M. Gaillardet qui était aux États-Unis depuis une trentaine d'années revint en France, s'aperçut de la supercherie et se plaignit ; M. Louis Jourdan pour dégager sa responsabilité raconta l'histoire dont s'égayèrent les journaux conservateurs.

M. le colonel Martin est chargé des questions militaires ; il a écrit des articles très-remarquables sur la guerre russo-turque de 1877. Les autres rédacteurs politiques sont MM. Hector Depasse, Bigot, Michel, de la Berge, Vilbort, Barbusse ; M. de Biéville (Desnoyers) fait la critique théâtrale, M. Oscar Commettant, la musique ; M. Hippolyte Lucas la revue littéraire ; le docteur Mary Durand y traite les questions scientifiques.

Un des collaborateurs du *Siècle*, M. Pagès chargé de résumer les débats du conseil municipal doit dans ses comptes rendus n'oublier aucun nom. Il est obligé de citer tous les conseillers qui ont parlé. Cette exigence s'explique naturellement. Outre M. Castagnary, le *Siècle* compte plusieurs de ses collaborateurs au conseil municipal.

Le gérant du journal est M. Jourde.

En quittant la rue du Croissant le *Siècle* s'est mis dans ses meubles. Il est installé dans un magnifique hôtel qu'il a fait construire rue Chauchat.

XXII

Le Gaulois.

C'est le *Figaro* bonapartiste. Détesté par les communards autant que le journal de M. de Villemessant, le *Gaulois* fut supprimé le 19 mars 1871. Il put transporter ses presses à Versailles, où il continua sa publication, au grand désespoir de Raoul Rigault. On essaya de prendre M. Tarbé en l'attirant à Paris sous le prétexte de lui remettre M. Dardenne de la Grangerie, alors prisonnier de la Commune. Mais M. Tarbé, prévenu du tour qu'on lui préparait, resta à Versailles, et M. Dardenne put s'échapper. En 1872, M. Thiers suspendit le *Gaulois*, mais M. Hugelmann (1), un des familiers les plus distingués du Président de la République d'alors, mit son influence au service de M. Tarbé et le *Gaulois* reparut. Ces relations avec ce favori du libérateur du territoire n'étaient guère du goût de M. Tarbé, mais on ne pouvait arriver à M. Thiers que par les chenapans qui l'entouraient. On n'avait que l'embarras du choix. Hugelmann avait un copin qui a eu aussi des malheurs. Il a passé deux ou trois ans en prison. Un autre était le banquier Bureau, condamné à cinq ans de prison pour escroquerie; un quatrième dirigeait un journal qui recevait les confidences du Chef du Pouvoir; avant de donner des conseils à la France, ce directeur avait exploité un théâtre, fait faillite, surveillé la mise en scène de plusieurs féeries. Nous pourrions emplir une page des noms de tous les farceurs improvisés hommes politiques par M. Thiers. Il est probable qu'on serrait l'argenterie quand ces gaillards-là entraient au palais de Versailles.

M. Emile Blavet est le rédacteur en chef du

---

(1) Le tribunal a condamné M. Hugelmann à plusieurs années de villégiature forcée à Poissy où il fabriquait des abats-jour.

Gaulois. Il a été au *Figaro*, à la *Situation*, à l'*Eclair*. C'est un travailleur infatigable et un excellent confrère.

M. Valter est chargé des échos sous le pseudonyme de *Domino*. Ancien employé dans une maison de banque, M. Valter écrivit au *Tintamarre*, au *Charivari*, passa au *Paris-Journal* puis à la *Gazette* en 1876.

En 1871, pendant la Commune, M. Tarbé lut dans le *Salut Public* de Lyon, quelques chroniques fort remarquables par le style et l'originalité. Ces articles étaient signés d'un pseudonyme. Le directeur du *Gaulois* envoya à Lyon M. Estor, secrétaire de la rédaction, avec la mission de ramener à Versailles l'écrivain lyonnais. Quelques jours après, la Presse parisienne comptait un écrivain de plus, M. Emile Villemot arrivait au bureau du *Gaulois*. Il entra ensuite à l'*Eclair*, à l'*Evénement*, à l'*Opinion nationale* et... au *Gaulois*. Nous n'avons pas la prétention d'avoir suivi pas à pas M. Villemot pendant les sept années écoulées entre son entrée et sa rentrée au journal de M. Tarbé. Nous n'avons signalé que les étapes principales.

M. Auguste Vitu ne traite que la politique. C'est

un journaliste d'un rare talent. M. François Oswald est le plus ancien collaborateur du *Gaulois* qu'il n'a jamais quitté ; il a le département des théâtres. M. Hippolyte Nazet fait les informations; M. Henri Charlet — Pierre Chiffard de son vrai nom — a écrit au *Gaulois*, est allé au *Petit-Parisien* et comme MM. Villemot et Nazet est rentré au bercail. Le rédacteur qui signe les tribunaux, Maître X..., est un jeune avocat, M. Davrillé des Essarts. L'*Homme qui lit*, est M. J. Poignant, secrétaire particulier de M. Tarbé. Il s'occupe des livres. M. Billaut a pour sa part la Chambre. Il s'acquitte bien de ce travail qui n'est pas toujours amusant.

Paul Roche, Parisine, sont des pseudonymes qui appartiennent au journal et dont se servent tous les collaborateurs.

XXIII

Le Monde.

Créé sous Napoléon III après la suppression de l'*Univers*, le *Monde* dut éviter les polémiques qui avaient amené la disparition du journal de M. Louis Veuillot. A cette époque un journal quelconque pouvait attaquer l'empereur, personne ne s'en apercevait, mais s'il touchait à un ministre ou même à un chef de bureau, chacun était en émoi. On avait osé critiquer cette fameuse administration que l'Europe nous enviait alors. Les communiqués pleuvaient, les avertissements et quelquefois les suppressions terminaient la lutte.

Mais les défauts de cette époque ont pris des

allures plus grandes. La république leur a donné un développement très-brillant. Le nombre des employés a été augmenté dans des proportions considérables ; jamais sous aucun gouvernement on n'a vu tant de fonctionnaires émarger au budget, et tous ces fonctionnaires considèrent, sauf de rares exceptions, leur personne comme sacro-sainte. C'est toujours la même chose.

Ces digressions nous éloignent du journal *Le Monde*. M. Armand Ravelet, un écrivain de grand talent, en fut jusqu'à sa mort le rédacteur en chef. Les rédacteurs actuels du *Monde* sont: M. Coquille ; MM. Levé, Depelchin frères, Venet, Barrier, de Maumigny, Léon Gautier, l'abbé Davin.

Les journaux catholiques ne pénètrent pas dans ce qu'on appelle le monde parisien. Ils n'ont que des abonnés et se vendent peu ou pas aux ouvriers. Ils ne s'adressent qu'à des fidèles ; les libres penseurs ou même les simples sceptiques ne les lisent pas. C'est ce qui fait que les petites feuilles radicales peuvent imprimer toutes les âneries possibles sur l'*Univers* ou le *Monde*, leurs lecteurs croient tout cela comme un chrétien croit à l'Évangile. Du reste pour trouver de l'intérêt dans la lecture des feuilles catholiques que nous citons, il faut une instruction solide et variée, chose qui manque à beaucoup.

Il ne faut point conclure de cela que l'*Univers* et le *Monde* sont peu lus. Ce serait une erreur grave. On les voit dans beaucoup d'établissements publics et si un limonadier les achète, c'est que ses clients les lui demandent. Leurs correspondances étrangères sont très-bien faites; on devine qu'elles sont écrites par des hommes connaissant à fond le pays et le peuple dont ils parlent. On peut ne pas partager leur manière de voir, mais on est obligé de reconnaître le talent toujours, et la science souvent.

XXIV

La Presse.

Depuis 1873 ce journal appartient à M. Hubert Debrousse (1) le célèbre entrepreneur de travaux publics. M. Debrousse avait fondé en 1872 le *Courrier de France* qui avait pour rédacteur en chef M. Robert Mitchell. Lorsqu'il acheta la *Presse*, le *Courrier de France* disparut. M. le vicomte de la Guéronnière fut nommé co-rédacteur en chef avec M. Mitchell, qui finit par rester seul. Ce dernier céda la place à M. Marius Topin, qui à

---

(1) M. Debrousse est mort au mois d'août 1878.

son tour passa la main à M. Henri Vrignault et à M. Massicault; actuellement c'est M. Denis Guibert qui, sans en avoir le titre, exerce les fonctions de rédacteur en chef.

On comprend que ces brusques changements de rédacteurs avaient pour cause une modification dans la ligne politique du journal. Après avoir soutenu M. Thiers, la monarchie, la république modérée et la république plus accentuée, la *Presse* a dû nécessairement perdre de son influence en même temps que des abonnés. Aussi aucun journal de Paris ne la cite, on ne sait point si ce qu'elle défend aujourd'hui elle ne le combattra pas demain.

La *Presse* a des rédacteurs de talent mais peu de lecteurs. Il est difficile de lutter contre l'indifférence du public. Le rédacteur principal, M. Guibert, a écrit à la *Vogue parisienne*, à *l'Assemblée nationale* de 1871 sous la direction de MM. Rapetti et de Saint-Chéron, au *Soir* alors réactionnaire, au *Paris-Journal*. Les collaborateurs de M. Guibert sont MM. Le Roy, Léon Guillet écrivains politiques très-remarquables M. de Villebichot, qui est toujours de mauvaise humeur ; M. Jules Claretie fait le feuilleton théâtral; M. Kerstle feuilleton musical et M. Louis Figuier la revue scientifique ; on voit par ce résumé rapide que la *Presse* a une rédaction composée d'hommes de talent. Sauf M. de Villebichot tous sont connus. M. Hubert Debrousse le directeur politique actuel a les qualités nécessaires pour remettre à flot le journal et lui faire prendre une place importante dans les organes républicains.

Nous avons oublié de citer M. Laurent-Lapp parmi les collaborateurs de la *Presse*. M. Laurent-Lapp a été gérant du *Courrier du Dimanche*, signant des articles dont il n'était point l'auteur. Il a été secrétaire de la rédaction de la *Semaine universelle*, direction de M. de Schryver ; de l'*Universel*, créé par M. F. Ducuing etc. Il connait la mise en pages d'un journal.

Lorsqu'il entra à la *Semaine Universelle*, il fit imprimer du papier à en tête; après avoir profondément réfléchi derrière son lorgnon, M. Lapp envoya un modèle à l'imprimeur, revit la chose en épreuves et fut très-satisfait quand le papier à lettres lui revint portant au coin supérieur de gauche le boniment suivant :

LA SEMAINE UNIVERSELLE

JOURNAL HEBDOMADAIRE,

paraissant toutes les semaines.
Abonnements etc., etc.

M. Laurent-Lapp apprenait aux populations qu'un journal hebdomadaire parait toutes les semaines.

———

XXV

La République Française. — La Petite République Française.

Chacun des partis qui se disputent le pouvoir en France a un organe officieux ou officiel, comme on voudra. Cependant le parti républicain dans son ensemble, n'a pas de journal où se trouve résumée la ligne politique à suivre dans telle ou telle occasion. Les légitimistes ont l'*Union*, les bonapartistes l'*Ordre*. Mais la *République Française* n'est que l'organe d'un groupe, et les lecteurs de la *Lanterne* ne croient pas au républicanisme de M. Gambetta, qui a lui-même critiqué assez vertement dans son journal les républicains des *Débats*, qu'il traite de réactionnaires.

La *République Française* est un journal très-soigné, bien renseigné, correctement écrit. On dit que M. Gambetta a beaucoup étudié depuis 1871: nous le croyons sans peine. Il y a longtemps qu'il serait oublié, mis de côté s'il ne s'était pas appliqué à l'étude des questions politiques et économiques. De temps en temps la *République Française* lance une boutade à l'adresse des anciens partis. On retrouve dans ces articles spéciaux des mots qui détonnent, des grossièretés même, qui ne sont point de mise, mais c'est une concession que l'on fait aux passionnés du parti qui iraient à la *Lanterne* ou à la *Marseillaise* s'ils ne se délectaient point quelquefois dans des articles injurieux. Cette réserve faite, nous devons dire que la *République Française* est un véritable organe de parti, si le parti républicain pouvait s'assouplir à une discipline quelconque, comme le groupe qui obéit à M. Gambetta.

M. E. Spuller connaît très-bien les questions étrangères, MM. Challemel-Lacour, Gustave Isambert s'occupent de la politique intérieure. Le premier a été préfet de Rhône après le quatre septembre; le second a débuté avec M. Vermorel à la *Jeune France*, il a écrit au *Courrier du Dimanche*, au *Temps*. Il a publié chez Lemerre les *Lettres de mademoiselle Aïssé* avec une préface.

M. André Lefèvre est un poëte de grand talent que la politique a perdu. Il est chargé de la revue littéraire ; M. Philippe Burty traite les questions artistiques; M. Paul Bert, la science. Malgré sa haute valeur scientifique, M. Bert est un esprit étroit et intolérant. Vers le mois de janvier 1878, quelques étudiants voulurent organiser un cercle. Les statuts furent rédigés et un des articles disait que toute discussion politique ou religieuse serait interdite. M. Paul Bert adressa aux étudiants républicains une lettre où il leur recommandait de ne point recevoir, comme membres du cercle, les étudiants qui suivraient les cours de l'Université catholique. Si un gaillard de cette force avait jamais une guillotine à sa disposition, ses adversaires politiques passeraient quelques mauvais moments.

Citons encore parmi les collaborateurs de la *République française*, MM. Larochette, Gros, Jung, Gourgaud.

Les vieilles barbes de 1848 n'aiment pas beaucoup les jacobins du journal de M. Gambetta. Un de ceux qui occupèrent un poste à l'époque où

M. Garnier-Pagès gouvernait la France était, sous l'Empire, rédacteur du *Siècle* et, après 1871, du *Bien Public*. Un jour, parlant de M. Gambetta et de son entourage, ce républicain de vieille date, mais modéré, dit que si jamais l'empire en France était restauré, il trouverait ses plus solides et ses plus dévoués fonctionnaires à la *République française*. Les jacobins de la première République s'étaient des premiers ralliés à Napoléon ; si une troisième restauration impériale avait lieu, les jacobins de la troisième République n'hésiteraient pas et suivraient l'exemple de leurs ancêtres politiques. Telle est l'opinion du parti républicain modéré et des radicaux sur les écrivains de la *République française*.

Les feuilles à un sou sont à la mode. La *Petite République française* a été créée sous le patronage de M. Gambetta. Cette création donna lieu à un procès que fit M. Puthod, un des actionnaires de la grande feuille, à la direction du journal. Comme dans tous les procès de ce genre, les autres organes politiques amusèrent leurs abonnés aux dépens des plaideurs.

Le rédacteur en chef de la *Petite République* est M. Charles Quentin.

XXVI

Le National.

Quand le *National* fut fondé en 1868, grâce à l'appui du Crédit foncier, il eut pour directeur M. Ildefonse Rousset qui s'occupait au *Siècle* des affaires financières. Il fallait chercher un public pour le nouvel organe, on trouva tout simple de chercher à prendre en totalité ou en partie celui du *Siècle*; pour cela on enleva à ce journal ses meilleures plumes.

M. Emile de la Bédollière, M. Taxile Delord, M. Edmond Texier suivirent M. Rousset. La combinaison réussit, le *National* eut bientôt des abonnés et le tirage du *Siècle* baissa d'autant. M. Rousset, mort brusquement au commencement de l'été de 1878, était un polémiste passionné, manquant de talent et d'esprit mais aimant à écrire quotidiennement de cinq à huit colonnes du *National*. Il était toujours parti en guerre, ses collaborateurs ne pouvaient placer leur copie à cause de leur encombrant directeur, qui signait aussi du pseudonyme de H. d'Octeville. M. Rousset a été remplacé par M. Hector Pessard, directeur de la presse à l'Intérieur.

L'entrée de M. Pessard a amené quelques changements dans la direction. MM. Boudoin, Raoul Stewart et Ayraud Degéorge sont partis. Dans ceux qui sont restés plusieurs seront encore remplacés.

Le bulletin politique est fait par M. Albert Roussel qui signe Tony Aymard; M. Louis Jezierski est chargé des questions militaires et étrangères; M. Emile de la Bédollière rédige la chronique parisienne; M. Edmond Texier, la semaine parisienne, *Choses et autres*, qu'il signe baron Schop et les portraits-cartes parlementaires qui ont eu un succès si grand. Il signe ces portraits du pseudonyme de Kel-Kun.

M. Armand Landrin fait les lettres de Versailles

(Sénat) et M. Paul Foucher, les lettres de Versailles (Chambre).

M. Théodore de Banville est chargé du feuilleton dramatique ; M. Louft, de l'édilité et des faits divers. C'est peut-être le journaliste connaissant le mieux le vieux Paris, qu'il a étudié maison par maison.

M. Joseph Doucet s'occupe de politique, mais il est bien au-dessous de M. Raoul Frary, un ancien professeur, qui a débuté dans le journalisme au *Peuple Français*, journal officieux de Napoléon III, a passé au *Constitutionnel*, au *Courrier de France*, alors conservateur ; à la *Presse* et enfin au *National*. M. le docteur Bordier traite les questions d'hygiène ; M. E. Périer, les questions scientifiques.

La partie étrangère au *National* occupait une large place sous la direction de M. Rousset. M. Pessard a maintenu cette tradition. Les lettres de Londres sont de M. d'Arensfeld; d'Alexandrie, de M. Bismot; de Rome, de M. Spada (Ayraud Degeorge); de Rotterdam, de M. de Magnin; de Genève, de M. Gromier; de Bruxelles, de M. Monteil; de New-York, de M. Tranoltes; de Vienne de M. le Gallois-Verdier.

Il ne faudrait point croire qu'un journal peut entretenir tant de correspondants sur tous les points du globe. Beaucoup de ces lettres datées de Vienne, etc., sont écrites dans le bureau de la rédaction. Elles sont le résumé, intelligemment fait des journaux de ces différentes villes.

Le correspondant du *National* à Bordeaux est M. Léon Vézès qui signe Nemo.

M. Jules Clère, auteur d'une *Histoire du suffrage universel*, de la *Biographie des sénateurs et des députés*, a fait longtemps partie de la rédaction du *National*. Le *Petit National* a pour secrétaire de la rédaction M. Alfred Ixel qui, avant l'arrivée de M. Pessard, remplisait les mêmes fonctions au grand *National*.

M. Georges Etstein, qui a été un des secrétaires de M. Pessard à la direction de la presse à l'Intérieur, est sous-directeur du *National*. M. E. Junca est le secrétaire de la rédaction. M. Eychen, un ancien rédacteur du *Bien Public* s'occupe des informations. M. A. Lefebvre est chargé du conseil mucicipal, de la préfecture de police, etc.

XXVII

Le XIXᵉ Siècle.

A la spécialité de manger du prêtre. Cette profession — nous ne disons pas cette conviction — rapporte de beaux dividendes.

M. Edmond About, ancien familier des Tuileries, est le rédacteur en chef du *XIXᵉ siècle*. Après avoir écrit des livres sur des plans fournis par l'empereur, M. About croyant un moment que la famille d'Orléans avait des chances de remonter sur le trône se fit présenter à M. le comte de Paris; puis la république reprenant le dessus il devint sur-le-champ républicain, en attendant autre chose.

M. About a de l'esprit, c'est pour cela qu'on le tolère dans le parti républicain qui n'a pour lui qu'une estime des plus médiocres. Un jour un des gros bonnets de la république causant de M. About devant plusieurs personnes dit :

C'est humiliant de se servir d'hommes comme M. About qui nous abandonnera dès qu'il trouvera son intérêt à évoluer, mais il nous rend des services. Quand la république sera définitivement établie, nous le f... à l'eau.

M. Francisque Sarcey a été à l'*Opinion Nationale*, au *Gaulois*. Il adore à sa façon les prêtres et souhaite qu'il y en ait tant qu'il vivra. En les insultant tous les jours il se fait par ce moyen un revenu superbe. De temps en temps il reçoit des lettres très-dures qu'il insère pour éviter un procès, mais c'est un détail.

Un autre familier de l'empire, M. Viollet-le-Duc devenu conseiller municipal radical, écrit au *XIXᵉ Siècle*. A Compiègne, M. Viollet-le-Duc était souffleur lorsqu'on jouait la comédie entre intimes.

M. le général de Wimpffen est encore un ancien bonapartiste. Il trouve que les autres généraux ses collègues n'ont rien su faire pendant la guerre. La grande supériorité de M. Wimpffen est d'avoir fait prendre toute l'armée française à Sédan. Que cela lui plaise ou non, cette opinion prend corps, elle grandit, les responsabilités se répartissent et si l'auteur du plan de la marche sur Sédan a commis une grande faute, le général qui a manœuvré de façon que l'armée ne put s'échapper a aussi assumé une large part dans la défaite.

M. Paul Lafargue a été au *Paris-Jourmal*. Il a été décoré par M. de Marcère. C'est une croix bien placée. M. E. Liébert s'occupe de politique comme M. Lafargue. Autrefois M. E. Schnerb, devenu préfet de la Corse faisait partie de la rédaction du *XIXe siècle*.

M. de la Rounat, ancien directeur de l'Odéon, a le feuilleton dramatique.

M. Ducuing, fils de l'ancien député de ce nom, est chargé des tribunaux; M. Pellegrin du conseil municipal.

XXVIII

L'Ordre.

Le moniteur des impérialistes. Fondé après la Commune, l'*Ordre* a eu pour directeur M. Dugué de la Fauconnerie, puis M. Delamarre. Le rédacteur principal est M. Charles Gaumont qui vers la fin de l'empire, faisait déjà partie de la rédaction du *Peuple Français*. M. Jules Richard est un des plus brillants écrivains du parti bonapartiste. Il a écrit à l'*Epoque*, au *Figaro*, au *Paris-Journal*, au *Gaulois*. Il est directeur de la correspondance conservatrice adressée à beaucoup de feuilles départementales. M. Emile Hervet fait la chambre; M. Octave Mirbeau la chronique.

M. Alfonsi ancien rédacteur du *Pouvoir*, s'occupe des informations.

Depuis quelque temps la rédaction de l'*Ordre* a été modifiée. MM. Granier de Cassagnac, Mouton, ancien chef du cabinet de M. Pietri, préfet de police ; M. de Toulgoët, ancien préfet de Constantine se sont retirés.

N'oublions pas parmi les rédacteurs volants de l'*Ordre*, de citer M. Jules Denizet (1). Ce républicain fervent ne pouvait voir se créer une feuille bonapartiste sans aussitôt y porter de la copie.

(1) M. Denizet est mort au mois d'octobre 1878.

XXIX

Le Français.

Le *Français* quoique fort bien rédigé, ne possède pas toute l'autorité due au talent de ses collaborateurs. Il est lu par les lettrés, les délicats, les amateurs de sous-entendus qui s'accrochent comme des flèches barbelées au flanc de l'homme que combat le journal. C'est une guerre de tous les instants, vive, spirituelle, gaie pour ceux qui comptent les coups, mais fort désagréable, exaspérante même, pour la victime.

M. François Beslay est le rédacteur en chef du *Français*. Il profite avec habileté des fautes ou des *lapsus* de ses adversaires, attaquant toujours, cherchant le défaut de la cuirasse de son ennemi et finissant par découvrir le point vulnérable.

M. Thurreau-Dangin est un publiciste distingué, ses travaux l'ont classé au premier rang parmi les rares individualités politiques dont l'opinion fait autorité.

Bernadille. — M. Victor Fournel — est une mine inépuisable d'anecdotes curieuses sur les hommes et les choses. Ses chroniques sont très-citées par les journaux de Paris et des départements.

M. Ad. Jullien est chargé des théâtres; M. Louis Moland, des Beaux-Arts; M. Baudoin, des informations. M. Edmond Villetard, ancien rédacteur des *Débats*, directeur de l'*Officiel* après le 16 mai, directeur de la presse au ministère de l'intérieur, en remplacement de M. Lavedan, s'occupe des questions politiques ainsi que M. Eugène Dufeuille ancien chef du cabinet de M. Buffet.

M. Lavedan écrit aussi au *Français*. Ce journal était l'organe officieux du cabinet de Broglie après le 16 mai.

XXX

Le Télégraphe

Journal de la dernière heure, comme le *Soir*. Fondé par M. Dumont lorsqu'il eut cédé l'*Évènement* à M. Magnier, le *Télégraphe* conquit rapidement une notoriété assez grande. Républicain modéré, c'est un journal qu'on lit, par ses nombreuses informations. M. Dumont est à même de recueillir des nouvelles, des cancans politiques qui plus tard prennent corps. Ce sont ces mille bruits de coulisses et de politique réunis, arrangés, coordonnés, classés qui rendent intéressant un organe de publicité.

L'inspirateur politique du *Télégraphe* est naturellement M. Dumont. Nous avons cité son nom à propos du *Figaro* et de l'*Événement* ; il est aussi propriétaire de l'*Echo agricole*, de la *Mercuriale des Halles et Marchés* et M. Dubuisson, dont le nom paraît depuis si longtemps au bas des innombrables journaux qui s'impriment dans l'établissement typographique de la rue Coq-Héron n'est que le représentant de M. Dumont qui a la presque totalité de la propriété de l'imprimerie.

La rédaction est peu nombreuse, le *Télégraphe* étant surtout un journal de nouvelles. M. Morin, M. Garcin, pour la politique ; M. Alfred Delilia, pour les faits d'actualités ; M. Adolphe Dupeuty pour les théâtres; M. Pitou, secrétaire de la rédaction.

M. Delilia a écrit au *Tintamarre*, à la *Gazette*. Il est actuellement secrétaire du théâtre des Folies Nouvelles. M. Dupeuty a fait le courrier des théâtres au *Figaro*, à l'*Événement* et dans quelques autres feuilles moins importantes.

XXXI

Le Voltaire.

Un des derniers venus dans la presse quotidienne. Lorsque le 30 juin 1878 M. Ménier cessa la publication du *Bien public*, il passa sa clientèle d'abonnés au *Voltaire*. M. Aurélien Scholl quitta l'*Événement* pour prendre la direction de la feuille nouvelle. La plupart des collaborateurs de M. Magnier le suivirent: MM. Etiévant, Dehaut, Octave Robin M. A. Pothey est chargé des tribunaux. M. Yves Guyot est le seul rédacteur du *Bien Public* qui soit entré au *Voltaire*.

M. Arthur Heulhart est chargé de la musique.

Il est l'auteur de plusieurs ouvrages parmi lesquels nous citerons la *Fourchette harmonique*.

Frimousse est le pseudonyme de M. Raoul Toché qui fait le courrier des théâtres.

M. Marpon, le libraire des galeries de l'Odéon est copropriétaire et administrateur du *Voltaire*.

Quand M. Scholl passa de l'*Événement* au *Voltaire*, il était lié à M. Magnier par un traité, de sorte qu'il dut écrire dans deux journaux ayant la même politique, s'adressant au même public, par conséquent se faisant une concurrence acharnée. Les lecteurs qui voulaient quitter l'*Evénement* pour le *Voltaire*, attirés par M. Scholl, étaient retenus au journal de M. Magnier par le même écrivain.

XXXII

La Marseillaise

Le titre de ce journal indique ses opinions politiques et religieuses. Il combat avec la même âpreté les républicains modérés, les opportunistes et les monarchistes.

Ses rédacteurs sont : M. Henri Maret, dont l'élection comme conseiller municipal du quartier des Epinettes a fait tant de bruit. Il a battu le protégé de M. Gambetta. M. E. Lepelletier ancien rédacteur du *Rappel* ; M. Emile Richard; M. Roudier ; M. Gabriel Guillemot, qui rédige l'article qui a pour titre la *Petite Guerre ;* M. Le Prévost s'occupe de l'enseignement ; M. Ollivier du conseil municipal. M. Henri Rochefort est un des collaborateurs de la *Marseillaise.* Les représentants de la propriété de ce journal sont MM. Simond qui depuis longtemps ont créé la spécialité de fonder ou d'administrer des feuilles radicales.

XXXIII

L'Assemblée Nationale
DE 1848

Journal créé par M. Adrien de la Valette et rédigé par lui. M. de la Valette s'est occupé d'affaires industrielles. Ses collaborateurs sont peu nombreux et se composent de quelques amis. L'*Assemblée nationale* est de beaucoup le moins important des journaux conservateurs.

XXXIV

Le Messager de Paris.

C'est le seul journal financier quotidien. Sous la direction de M. Eugène Rolland, il acquis une grande autorité. Le successeur de M. Rolland, comme rédacteur en chef, M. Moireau, a su maintenir la situation acquise. Nous avons parlé de M. Moireau dans l'article consacré à l'*Estafette*. Il a quitté ce dernier journal pour se consacrer entièrement au *Messager de Paris*, devenu la propriété de M. Édouard Hervé, après la mort de son beau-père, M. Rolland.

L'ancien directeur du *Messager* appartenait à

une ancienne famille de Marseille. Un de ses ancêtres, Rolland, était intendant de la santé avec le chevalier Rose, lors de la peste de Marseille en 1720. Il montra le plus grand courage, ainsi que son collègue dans cette année terrible où s'immortalisa Belzunce. On conserve religieusement dans la famille une médaille offerte aux citoyens qui s'étaient distingués par leur sang-froid et leur courage pendant l'épidémie. Une de ces médailles fut décernée à l'intendant Rolland; M. Eugène Rolland la possédait, elle est actuellement aux mains de sa fille, madame Édouard Hervé.

M. Moireau a pour collaborateurs M. Henri Daquiès, qui est en même temps directeur de la *Finance*, M. Dacosta, et M. Eugène Tassin, qui est chargé des théâtres.

XXXV

Paris-Capitale.

Fondé par M. Cunéo d'Ornano, député de la Charente. M. d'Ornano a été au *Courrier de France*, à *la Presse*. Il passa de ce journal au *Charentais*, à Angoulême, créa lui-même une feuille, le *Suffrage universel des Deux-Charentes*, fut élu député comme bonapartiste.

Paris-Capitale parut d'abord quotidiennement. Outre M. d'Ornano, M. Robert Mitchell et M. Ernest Dréolle, qui étaient ses principaux collaborateurs politiques, M. Jules de Gastyne rédigeait les échos. Le véritable nom de M. de Gastyne est

Jules Benoit. Il signe également du pseudonyme d'Amaury. Il a été au *Paris-Journal*, à *la Gazette*, au *Nain-Jaune*, à *la Gazette des Étrangers*.

Depuis qu'il ne parait qu'une fois par semaine, *Paris-Capitale* a pour rédacteurs MM. Ulysse Pic et Maret-Lariche. M. Ulysse Pic est un journaliste ardent et passionné. Instruit, connaissant toutes les finesses de la profession, il attaque toujours, et chaque coup porte. Il a réuni en un volume les *Lettres Gauloises* qui, lorsqu'elles virent le jour sous l'Empire, excitèrent non-seulement une curiosité bien naturelle, mais soulevèrent des orages. Le pseudonyme d'Adam Lux appartient à M. Pic.

Paris-Capitale doit reprendre sa publication quotidienne. C'est pour cette raison que nous l'avons placé parmi les grands journaux.

XXXVI

Gazette des Étrangers.

Dirigée vers la fin de l'Empire par M. Henri de Pène, la *Gazette des Étrangers,* après une éclipse assez longue, reparut en 1871 sous la direction de M. Eugène Tarbé. Elle passa aux mains de M. Edmond Tarbé, directeur du *Gaulois*, qui la céda à son frère. Celui-ci la passa à M. Alfred d'Aunay, qui raccourcit le titre et l'appela *la Gazette*. Ce dernier journal ne vécut que peu de temps. En quittant la rédaction du *Vrai*, M. d'Aunay fit reparaître *la Gazette des Étrangers* et la vendit ensuite à l'imprimeur Blommestein. M. Jules de Gastyne en fut rédacteur en chef. M. d'Aunay le remplaça, secondé par M. Henri Demesse. La rédaction actuelle se compose de M. Serres, rédacteur en chef, M. Beaurepaire, secrétaire de la rédaction, M. Henri Buguet est chargé des théâtres.

L'administrateur est M. Lepelletier, qui a été en cette qualité au *Gaulois* et dans plusieurs autres journaux importants.

La *Gazette des Étrangers*, ainsi que l'indique son titre, sert de guide dans Paris, donne le programme quotidien des spectacles, etc.

XXXVII

Le Mémorial Diplomatique.

Parmi les journaux politiques hebdomadaires, le seul qui possède une autorité véritable, qui soit souvent cité par ses confrères quotidiens, c'est le *Mémorial Diplomatique*.

Cet organe a pour directeur M. Édouard Simon. Le principal collaborateur de M. Simon est M. Vigneau, un écrivain connaissant à fond la politique étrangère.

Les correspondants du *Mémorial* sont nombreux et à même d'être bien informés. Leurs lettres sont insérées entièrement, quoique souvent elles renferment des appréciations contraires à la ligne politique du journal. Ainsi dans la guerre turco-russe, le *Mémorial* a défendu la Turquie; son correspondant russe de Saint-Pétersbourg a pu cependant voir ses considérants sur les Turcs, naturellement très-défavorables à ceux-ci, imprimés tout au long.

Le *Mémorial Diplomatique* combat la politique d'aventures et défend surtout les traités. Il a soutenu le ministère Beaconsfield tant qu'il s'est appuyé sur le traité de 1856 pour combattre les empiétements de la Russie; il l'a abandonné lorsqu'il a comme les Russes pris sa part des dépouilles du mort.

M. de Maufras, sous-directeur aux affaires étrangères, écrit des variétés au Mémorial Diplomatique.

Le secrétaire de la rédaction du journal est M. Boutet.

XXXVIII

Le Petit Journal.

Le plus grand succès de la presse à un sou ! Le tirage dépasse un demi-million d'exemplaires. Le *Petit Journal* fondé par M. Polydore Millaud appartient à une société composée de MM. Gibiat, de Girardin et Jenty. Le gérant est M. D. Cassigneul, qui reçoit les romans.

M. Henri Escoffier est rédacteur en chef. Il est aimé de ses collaborateurs et plus d'un débutant dans le journalisme lui a dû de pouvoir placer ses premières lignes, et mieux encore, de passer à la caisse. M. Escoffier est un romancier de talent qui a publié quelques romans de mœurs parisiennes très-remarquables par le style et par l'invention. Son premier volume paru chez Dentu est signé du pseudonyme de Sérignan. M. Stenne est secrétaire de la rédaction. Auteur d'un roman *Perle* fort intéressant. M. Dalsème jeune fait Versailles; M. Dalsème aîné, les tribunaux. Ce dernier a publié le *Siége de Bitche*, récit détaillé de la défense de cette forteresse. M. Godineau est chargé de la *petite correspondance;* M. Jules Claretie fait les premières représentations et M. Émile Abraham les théâtres. M. Marc Constantin est au *Petit Journal* presque depuis sa fondation. Auteur de petites pièces représentées avec succès.

Citons parmi les collaborateurs volants de M. Escoffier, MM. A. Kubly, Golasmith, le plus infatigable des reporters; Bloch, qui a fait les informations à la *Liberté*; Klein, qu'un procès avec M. Alphonse Daudet a mis un instant en relief; Roux.

Le pseudonyme de Thomas Grimm appartient au journal. Mais c'est M. Escoffier qui s'en sert le plus souvent; il écrit les trois quarts des articles signés Thomas Grimm.

A côté du *Petit Journal* est le *Journal Illustré*,

fondé également par M. Polydore Millaud. Le tirage de cette feuille est très-important. Son rédacteur en chef est M. Léon Kerst, qui est chargé à la *Presse* du feuilleton musical ; M. Aristide Roger fait la chronique hebdomadaire ; M. Charles Darcours, les théâtres. M. Alfred Barbou est un des collaborateurs les plus réguliers du *Journal Illustré*.

Aristide Roger est le pseudonyme de M. le docteur Rengade.

XXXIX

Le Petit Caporal.

Ce Journal de l'appel au peuple est très lu. Dès son premier numéro il a trouvé un public. Du reste de tous les partis politiques, les bonapartistes seuls n'avaient point de feuilles à un sou.

M. Perron, ancien directeur du *Moniteur officiel* sous l'empire, fondateur de l'*International* de Londres a été le premier rédacteur en chef du *Petit Caporal*. La rédaction du journal se compose aujourd'hui de M. Robert Mitchell, député de la Gironde; M. Jules Amigues, député invalidé de Cambrai; M. Lucius Lavier, secrétaire de la rédaction ; M. Maurice Jollivet, qui a rédigé en province avec succès plusieurs journaux impérialistes ; M. G. Lyna.

Le pseudonyme D. Mocrate dissimule la personnalité de plusieurs notabilités du parti bonapartiste ; les articles signés D. H. Bonnaire ont pour auteur M. Robert Mitchell.

XI.

La France Nou**v**e

Journal appartenant à la société Palmé. M. J. Chantrel en est le rédacteur en chef. C'est un écrivain de talent qui a été collaborateur de l'*Union* et du *Monde*, il a écrit aussi dans le *Courrier du Pas-de-Calais*, à Arras. M. Chantrel est propriétaire d'un journal hebdomadaire catholique.

Les autres rédacteurs de la *France Nouvelle* sont : M. Léonce Roumain de la Rallaye, ancien rédacteur de l'*Ordre de la Mayenne*, du *Courrier d'Eure-et-Loir*, du *Progrès National* de Troyes, du *Monde* ; M. E. Charles ancien rédacteur de la

Petite Revue du Nord, rédacteur de la *Revue du Monde catholique*, du *Courrier des Universités catholiques*, du *Mois littéraire artistique et scientifique ;* M. Paul Chantrel. Le rédacteur financier est M. Albert Hans. M. Hans a voyagé dans l'Amérique centrale et a publié dans la *Liberté*, sur les états formés des anciennes colonies espagnoles des lettres intéressantes. Il est l'auteur d'un volume paru chez Dentu : *Souvenirs d'un volontaire pendant la commune*. Il a été quelque temps rédacteur en chef du *Nain-Jaune*.

La *France Nouvelle* a une bonne rédaction politique, mais elle pèche sous le rapport du feuilleton. Les œuvres d'imaginations sont un des grands éléments de succès des journaux à un sou. Malgré leur talent, les écrivains politiques ne peuvent; réduits à leurs propres forces, attirer à eux la masse des lecteurs.

M. Adrien de Riancey a été rédacteur en chef de la *France Nouvelle*, il a quitté cette situation pour entrer dans l'administation en qualité de sous-préfet.

N. B. — M. Chantrel a quitté la rédaction de la *France Nouvelle;* il a été remplacé par M. Adien Maggiolo

XLI

Le Nouveau Journal.

Fondé pour soutenir la politique du 16 mai, il eut pour directeur M. Alphonse Millaud, ancien directeur du *Petit Journal* et pour rédacteur en chef M. Alfred d'Aunay. Le secrétaire de la rédaction était M. Abel d'Avrecourt, un bibliophile distingué, qui avait fondé sur la fin de l'empire, la *Nouvelle Revue de Poche* et la *Revue rétrospective*, recueils intéressants et devenus assez rares. M. d'Avrecourt a été rédacteur en chef d'un journal conservateur à Blois, rédacteur au *Paris-Journal*, etc.

M. Gustave Cane a fait les informations. C'est

un journaliste connaissant bien son métier. Il a fondé le *Dimanche-Programme* et le *Carillon*, avec M. Louis Lambert, il a écrit au *Vivès*, à la *Gazette des Étrangers*, à la *Mosaïque*, à l'*Italie* ; a publié plusieurs œuvres traduites de l'italien et de l'anglais, et beaucoup de nouvelles et de variétés dans différents journaux.

M. Raoul Toché, chargé des théâtres, a déjà rempli la même fonction à la *Gazette*, à la *Gazette des Étrangers*, etc. Il signe des pseudonymes Raou Tavel et Robert Triel (1).

M. Salvador Bernard fait les tribunaux et M. Didier, un jeune journaliste lyonnais, les faits divers.

.˙.

Après les élections du 14 octobre, le *Nouveau Journal* modifia sa politique et devint républicain. Au mois de février 1878 M. Pascal Duprat en devint le directeur politique, M. d'Aunay quitta la rédaction en chef, tout en restant collaborateur. M. d'Avrecourt donna sa démission et fut remplacé par M. Cane. M. Georges Jauret, ancien rédacteur de la *Presse* succéda à M. d'Aunay et M. Mondutaigny à M. Cane.

(1) M. Toché est passé au *Voltaire*.

XLII

Le Petit Parisien.

Ce journal à un sou a été fondé par M. Harding, le concessionnaire de la plupart des lignes de tramways parisiens. C'était sous le ministère Jules Simon — avant le 16 mai. — Il y eut lutte d'influences pour la rédaction en chef. M. Schnerb alors rédacteur du *XIXe Siècle*, l'emporta sur M. Hector Pessard, ancien directeur de la presse sous le premier ministère de M. de Marcère.

Mais M. Pessard arriva malgré tous les obstacles et le *Petit Parisien* sur lequel ces luttes intestines avaient attiré l'attention du public prit une belle place dans les petits journaux. Il faut dire que le savoir-faire de M. Pessard fut pour beaucoup dans ce succès. M. Harding ayant vendu le journal, M. Pessard se retira et M. Gustave Eyriès prit la place de rédacteur en chef.

M. Eyriès est correspondant du *Sémaphore* de Marseille. Il a fourni des informations parlementaires à la *Patrie*, au *Moniteur universel*; il a rempli la fonction de secrétaire de la rédaction de la *Petite Presse* et de l'*Écho Universel*, — direction Savary. — Il dirige une publication illustrée fort intéressante, les *Châteaux de France*.

Les collaborateurs de M. Eyriès sont: M. Ch. Flor O'Squar, secrétaire de la rédaction. M. Flor signe des pseudonymes de Gavrinih et Henriot. M. Fred. Hadlander signe Balsamo; M. Labadie, de Lormier. M. Labadie fait des bulletins politiques très-remarquables. M. Alexandre Pothey est chargé des beaux-arts, des tribunaux. C'est un aqua-fortiste de grand talent et un écrivain de valeur. Il a été au *Gaulois*, au *XIXe Siècle*, à la *Presse*.

Le bulletin des théâtres a deux rédacteurs, MM. Renoir et Mons. M. Guy de Binos a rédigé longtemps les échos; il avait remplacé M. Florian Pharaon, qui s'était retiré à cause d'une attaque dirigée contre M. Clément Duvernois, que le secrétaire de la rédaction avait glissée dans les échos. M. Pharaon, ami de M. Duvernois, se retira.

M. Henri Charlet, — de son vrai nom Pierre Giffard — a rédigé la chronique parisienne au journal de M. Eyriès. M. Mons signe aussi F. Béjart. Un des rédacteurs du *Petit Parisien* est M. Néromont, capitaine en retraite.

Le successeur de M. Harding comme propriétaire du *Petit Parisien* est pour le monde M. Cornuault, mais ce dernier n'est que le prête-nom de M. Paul Dalloz, propriétaire effectif.

N. B. — La rédaction du *Petit Parisien* a été modifiée, ou plutôt on a diminué le nombre des rédacteurs.

XLIII

La Lanterne.

Petit journal à un sou fondé par un israélite, M. Mayer. Avec le flair particulier à ceux de sa race, M. Mayer a compris que le succès d'une feuille à cinq centimes était du côté de la politique radicale. Aussi a-t-il pris le titre de l'organe créé par M. Henri Rochefort vers la fin de l'Empire.

Comme affaire industrielle, *la Lanterne* ne vaut pas le *Petit Journal* ; mais enfin elle marche, c'est l'essentiel.

M. Ducret est secrétaire de la rédaction. Il a été longtemps au *Paris-Journal*, où il était chargé des renseignements. Physiquement, il essaye autant qu'il peut d'imiter M. Henry de Pène.

M. Georges Santon fait les échos. Il a eu des démêlés avec les journaux bonapartistes pour des questions personnelles.

M. Georges Puissant s'occupe des tribunaux. Il a écrit dans la *Rue* de Jules Vallès. Il est l'auteur d'un article qui eut un certain succès lorsqu'il parut dans la *Rue* : Les *Écrevisses du petit Auguste.*

M. Spoll est aussi un des rédacteurs de *la Lanterne*. Il écrit depuis longtemps dans les journaux avancés, mais il n'a jamais occupé un rang bien élevé dans le monde des journalistes. C'est une nébuleuse qu'on ne peut découvrir qu'à l'aide d'un télescope puissant. M. Spoll, dont le véritable nom est Accoyer, a été employé des postes. Il admire M. Jules Lermina ; cette admiration donne la mesure de la hauteur de ses vues en littérature. Il a travaillé quelque temps aux guides Joanne, publiés par la maison Hachette.

M. Ollivier s'occupe des informations et va régulièrement au palais du Luxembourg chercher le compte-rendu des séances du conseil municipal. C'est un tout jeune homme très-doux et très-obligeant.

Les faits divers sont recueillis et mis en ordre par M. Degravier, qui a travaillé aussi au *Bien Public*, direction Ménier.

M. Adrien Duvand, ancien rédacteur en chef du *Petit-Lyonnais*, a été rédacteur en chef de la *Lanterne*; mais à Paris, il a passé complétement inaperçu, il est retourné à Lyon, théâtre de ses premiers succès.

XLIV

Le Charivari.

Le grand succès de ce journal est dans ses dessins. La revue comique de la semaine, de Cham, est surtout très-courue. Le célèbre artiste fournit aussi des dessins au *Monde Illustré*, à l'*Univers Illustré*. Quoique datant de loin déjà, son succès ne baisse point, son esprit se renouvelle sans cesse ; rien ne lui échappe des côtés ridicules de la politique ou de l'organisation sociale. Si jamais la Commune, de sinistre mémoire, revenait, M. Cham devrait, dans son intérêt, quitter Paris. Il a exercé sa verve aux dépens des communards ;

c'est un crime que les assassins et les incendiaires 1871 ne lui pardonneront pas. De son véritable nom M. Cham est le comte de Noë.

M. Pierre Véron est rédacteur en chef du *Charivari*. Il est également directeur du *Journal Amusant;* il fait une chronique hebdomadaire à la *Petite Presse* et une chronique deux fois par mois au *Monde Illustré*. Ses collaborateurs sont : M. Jules Moineaux, qui rédige la revue comique des tribunaux, très-gai et très-spirituel; M. Paul Parfait a pris la spécialité des miracles, il combat la religion autant qu'il peut; M. Louis Leroy est tout à fait mondain et quelquefois très-leste; M. Alfred Bougeart fait de la politique transcendante.

La revue financière a pour rédacteur M. Zabban, qui signe Castorine.

XLV

LES GRANDES LIBRAIRIES DE PARIS

Bien des siècles avant l'invention de l'imprimerie, les librairies existaient. Ces établissements étaient le rendez-vous des flâneurs et des lettrés du temps. A Athènes et à Rome les libraires jouissaient d'une grande considération. Au moyen âge, les moines seuls s'occupèrent d'écrire et d'illustrer des livres. Lorsque l'imprimerie se propagea, les libraires reparurent et formèrent à Paris une corporation puissante, dont tous les membres devaient avoir leurs établissements dans le quartier de l'Université.

Barbin, le libraire du Palais, jouissait d'une grande notoriété. Dans le *Lutrin*, Boileau représente ses héros se lançant à la tête des in-folios publiés par Barbin. Les avocats, les procureurs, les gens de lettres, les membres du Parlement, causaient dans la grand'salle du volume nouveau, et les plaideurs les plus endurcis s'arrêtaient devant l'étalage du libraire en vogue.

De nos jours, le nombre des lecteurs s'est accru, il y a plus de libraires et plus d'écrivains, la production est énorme, les éditeurs parisiens jettent quotidiennement des centaines de volumes dans la circulation, et tout s'achète, depuis le modeste in-12, à vingt sous, jusqu'à l'in-folio, qui coûte quelquefois plusieurs milliers de francs.

Mame, Hachette, Firmin-Didot, Lemerre, Dentu, Lecoffre, Palmé, Didier, Michel Lévy, Charpentier, Douniol, Plon et beaucoup d'autres libraires peuvent lutter avec leurs confrères allemands. Chacune de ces maisons a un public nombreux, et tel ouvrage qui se vendra chez Hachette restera en magasin chez un autre éditeur.

Les librairies parisiennes ont leurs fournisseurs attitrés, non point que le même auteur ne puisse se faire publier par l'éditeur qu'il préfère, mais un livre de la plus pure orthodoxie catholique sera toujours mieux placé chez M. Palmé que chez M. Dentu. Dans le roman même, telle œuvre d'imagination aura un succès chez un libraire et n'en aura point chez un autre.

Chaque grand éditeur est donc le centre d'un groupe de littérateurs ou d'acheteurs. Ces derniers ont naturellement leurs préférences, et le plus mauvais écrivain a ses partisans. Une promenade dans les librairies de Paris est, nous le croyons, attrayante, et dans l'étude que nous leur consacrons, nous ferons défiler sous les yeux du lecteur les habitués de ces établissements. Naturellement, nous n'entendons pas pénétrer dans les questions matérielles, les chiffres ne nous regardent point ; mais en dehors ou à côté des chiffres, il y a les hommes et leurs œuvres.

Dans toutes les librairies, on rencontre non-seulement les auteurs, mais les écrivains chargés de la bibliographie dans les journaux. Sauf de rares exceptions, ces critiques ne sont pas, au point de vue intellectuel, ce qu'il y a de plus fort parmi les journalistes. Quelques-uns écrivent dans d'infimes feuilles de chou de Paris ou des départements, et comme leur prose n'est pas payée, ils ont pour eux les ouvrages dont ils parlent.

Ce va-et-vient de littérateurs excite la curiosité de beaucoup de lecteurs qui, tout en choisissant des livres sur les étalages, écoutent les causeurs et, quand ils entendent prononcer le nom d'un romancier en vogue ou d'un écrivain jouissant d'une certaine notoriété, ne sont fâchés de voir celui dont les récits les ont intéressés.

XLVI

FIRMIN DIDOT.

La célébrité de la famille Didot date déjà de longtemps ; les directeurs actuels de la librairie Firmin-Didot ont des ancêtres illustres. Le premier François Didot, qui naquit dans la dernière année du dix-septième siècle, fit baraître l'*Histoire des Voyages* de l'abbé Prévost ; son fils Ambroise, publia des livres magnifiques fort recherchés des amateurs ; le frère d'Ambroise fonda la papeterie d'Essonnes et édita luxueusement beaucoup d'ouvrages. Le fils aîné d'Ambroise, Pierre, eut ses presses placées au Louvre comme récompense nationale ; le second fils d'Ambroise, Firmin, fondit des caractères d'imprimerie dont la beauté n'a pas été dépassée. Firmin fut député sous la Restauration. Il eut pour successeurs ses deux fils, Ambroise-Firmin et Hyacinthe, qui maintinrent la réputation de cette maison qui n'a point périclité depuis plus d'un siècle et demi malgré les discordes civiles, les guerres étrangères, les changements de gouvernements. Une succursale même a été établie à Leipsig, centre du commerce de la librairie allemande.

La maison Didot est aujourd'hui installée rue Jacob, près de la rue des Saints-Pères. C'est un ancien immeuble où, du rez-de-chaussée aux combles, sont entassés des livres ; en bordure sur des couloirs, sont des cabinets étroits, servant de bureaux de rédaction. Le moindre coin a été utilisé et, derrière des vitraux, ont voit travailler des employés ; des portes entr'ouvertes s'échappent des bruits de voix.

Une vaste pièce, qui est une ancienne cour recouverte d'un toit en verre, est bordée de bureaux en chêne. D'un côté sont les employés qui reçoivent les abonnements des journaux publiés par MM. Didot. C'est la *Mode illustrée*, le *Maître de musique,* la *Chasse illustrée.* La *Mode illustrée* a pour directrice madame Emmeline Raymond, qui dirige également la *Bibliothèque des mères de famille,* collection qui compte déjà un certain nombre de volumes.

Le rédacteur en chef de la *Chasse* est M. Ernest Bellecroix, un écrivain de talent, doublé d'un véritable artiste. Avant lui, son poste avait été occupé par M. Émile Chevalier, qui a fait plusieurs voyages aux États-Unis et au Canada et a publié de nombreux romans sous le titre de *Drames de l'Amérique du Nord* et *Légendes de la mer.*

Il a écrit au *Courrier des États-Unis,* à l'*Opinion nationale,* etc. Les collaborateurs principaux de M. Bellecroix sont : M. de la Rüe, M. H. de la Blanchère, auteur d'ouvrages intéressants sur les poissons; M. Honoré Pinel ; M. le marquis de Cherville; M. Florian Pharaon.

M. Alfred Didot signe la *Chasse illustrée* en qualité de gérant.

Le *Maître de Musique* s'adresse, ainsi que son titre l'indique, à ceux qui étudient l'art si difficile de jouer d'un instrument sans ennuyer les auditeurs. Le *Monde musical* a pour abonnés les chanteurs et les pianistes.

Une autre publication universellement connue, quoique ne touchant ni à la Musique, ni à la littérature est l'Almanach des 500,000 adresses, plus connu sous le nom de Bottin. Mais à côté de ce répertoire de villes, de contrées, de noms propres, destiné seulement au commerce, paraissent des dictionnaires qui, tenus au courant du mouvement littéraire ou scientifique, sont de véritables encyclopédies rédigées par les hommes les plus compétents.

C'est le *Dictionnaire de la Conversation et de la Lecture,* publié d'abord sous la direction de M. W. Dukett, dont les dernières éditions, considérablement augmentées, ont été revues par M. Louisy. La *Nouvelle Biographie générale* a sur les autres publications du même genre l'avantage de donner la biographie des hommes du jour. M. le docteur Hœfer a mené à bien ce grand travail, qui forme quarante-six volumes. Chaque article est signé, et l'auteur donne sur le personnage dont il résume la vie une notice bibliographique qui permet au lecteur de se reporter aux ouvrages dont l'écrivain s'est servi pour son travail.

M. Fétis, directeur du Conservatoire de

Bruxelles, est l'auteur de la *Biographie des Musiciens*. Citons encore l'*Encyclopédie moderne*, sous la direction de M. Léon Régnier; l'*Encyclopédie d'histoire naturelle*, par M. le docteur Chenu, puis une foule de dictionnaires anglais, arabes, chinois, japonais, latins, grecs, etc. si utiles à ceux qu'intéressent les langues étrangères.

Les dictionnaires de la langue française y sont également nombreux. C'est dans la maison Firmin Didot que s'imprime le Dictionnaire de l'Académie, à la confection duquel ont travaillé MM. Léo Joubert, Constant Amero et Victor Champier.

L'Univers pittoresque forme une collection de soixante-sept volumes ornés de gravures représentant les sites, les monuments, les objets d'art, les costumes. Chaque contrée a son historien connaissant la langue, les usages des populations qui l'habitent.

Les nombreux ouvrages dont nous venons de citer les titres ne vieillissent point; parce qu'ils sont modifiés, améliorés, selon les exigences littéraires ou scientifiques du jour. Si, dans un pays peu connu, on fait de nouvelles découvertes, si un État subit des changements de frontières, si une province devient un État indépendant, des modifications sont apportées au texte primitif, et le lecteur est ainsi toujours tenu au courant des faits.

La collection des *Mémoires et Correspondances* compte un assez grand nombre de volumes ; M. Barrière a rédigé les notes et notices de la bibliothèque de Mémoires relatifs à l'histoire de France pendant le dix-huitième siècle. Les Mémoires sur la Révolution française sont publiés avec des notes par M. de Lescure.

Les travaux des savants que le gouvernement envoie en mission dans différentes contrées sont publiés par la librairie Didot ; tous ces ouvrages ont une grande valeur, et quelques-uns sont de véritables merveilles. Les monuments anciens de la Perse, de l'Arménie, de l'Assyrie, de l'Égypte, sont reproduits avec une fidélité scrupuleuse ; les palais des rois de Ninive, les gigantesques taureaux ailés, les temples de l'antique cité assyrienne défilent sous les yeux ; les ruines de Persépolis, celles des villes de l'Asie Mineure, de la Macédoine, de la Grèce, ont été l'objet d'études sérieuses, et les nombreuses planches qui complètent le texte des ouvrages de MM. Ch. Texier, Léon de Laborde, Ph. Le Bas, Guillaume, George Perrot, etc., sont des chefs-d'œuvre.

MM. Didot seuls peuvent éditer de pareils ouvrages.

Sous la direction du comité des travaux historiques et des sociétés savantes, et publié par ordre du ministre de l'instruction publique, paraît le *Dictionnaire topographique de la France*. Le *Répertoire archéologique de la France* est publié dans les mêmes conditions que le *Dictionnaire*.

Les *Documents inédits de l'Histoire de France* sont divisés en trois séries : la première série comprend l'*Histoire politique*, elle se compose de mémoires individuels, d'archives municipales, de chroniques, de cartulaires d'abbayes et de cathédrales. La deuxième série a trait aux belles-lettres et la troisième à l'archéologie. Ceux de ces anciens documents qui ont été écrits en latin sont traduits en français.

Le titre de libraires de l'Institut que possèdent MM. Didot les fait naturellement les éditeurs de cet illustre corps dont ils publient tous les travaux : l'Académie française, nous l'avons dit, y imprime son dictionnaire : l'Académie des beaux-arts a également son dictionnaire; puis il y a les mémoires des Académies des inscriptions et belles-Lettres, des Sciences, des Sciences morales et politiques, qui forment des collections importantes, et les mémoires de l'Institut publiés avant 1816.

La quantité et l'importance des ouvrages publiés par la librairie Didot ont fait que tout ce qui porte un nom célèbre ou même n'ayant qu'une modeste notoriété dans les lettres et dans les arts a travaillé pour cette maison. Chacun a apporté son contingent d'intelligence dans ces encyclopédies, ces livres historiques, ces in-folios ornés de gravures, de cartes, de plans.

MM. Didot sont fabricants de papiers, fondeurs de caractères, imprimeurs en même temps qu'éditeurs. Ils sont, de plus, lettrés, cette qualité tient de race, et trouvent le moyen d'écrire des volumes. M. *Ambroise-Firmin Didot*, le chef de la famille, a traduit les *Odes* d'Anacréon. C'est un volume elzévirien avec sujets photographiés, d'après les dessins de Girodet. Il est l'auteur d'un ouvrage sur *Alde Manuce* et l'hellénisme à Venise; ce beau travail a ouvert à M. Ambroise-Firmin Didot la porte de l'Institut. Il a été élu membre de l'Académie des inscriptions et belles-lettres. M. Alfred Didot, son fils, a publié les *Fragments inédits de Nicolas de Damas;* M. Paul Didot, chimiste distingué, est l'auteur du *Nouveau mode de blanchiment des chiffons et des plantes textiles par l'adjonction du gaz acide carbonique*, il s'occupe des papeteries dont son père, M. Hyacinthe Didot, est le directeur. Il a organisé la papeterie du Mesnil, dans l'Eure, où est également une imprimerie, et y a établi une école.

M. Magimel, allié à la famille Didot, dirige actuellement la maison avec M. Alfred Didot.

* *

Toute la partie artistique est sous la direction de M. Racinet. Il répartit les travaux aux dessinateurs, graveurs, etc., qui apportent leur concours à ces belles illustrations, qui donnent une valeur si grande aux livres publiés par MM. Didot.

Un poëte, M. André Lemoyne (1), le célèbre auteur des *Roses d'antan* et des *Charmeuses*, a été attaché longtemps à la librairie. Le caissier, M. Bazouge, est également un poëte; il a publié un volume de vers: les *Victimes*. Un érudit, M. Th. Lefèvre, est aussi depuis de longues années dans la maison Didot. Il a rendu des services si-

---

(1) M. Lemoyne est bibliothécaire de l'École de dessin, rue de l'École de Médecine.

gnalés aux correcteurs et compositeurs par la publication d'ouvrages spéciaux, qui sont de véritables guides pour les typographes et ceux qui sont chargés de revoir les épreuves.

XLVI

HACHETTE.

A une époque déjà éloignée, nous fréquentions, tout enfant, la modeste école primaire d'un village. Les premiers livres que l'instituteur nous mit entre les mains étaient édités par la maison Hachette; ce nom que nous voyions partout répété sur la couverture de nos petits volumes, sur les cartes géographiques qui recouvraient les murs de la salle blanchis à la chaux, produisit à la longue sur l'esprit de l'enfant un effet bizarre. Il excita sa curiosité, et il se transportait en imagination dans cette librairie de la rue Pierre-Sarrazin. L'hiver au coin du feu, à la clarté d'une lampe de fer, nous voyions le paraphe fantastique en ouvrant le livre ; l'été, dans les champs, assis au pied d'un arbre dont le feuillage nous mettait à l'abri des rayons du soleil, le nom paraissait toujours sur le papier blanc.

Cette impression d'enfant se calma, mais ne disparut jamais entièrement ; aussi lorsque, descendant d'un wagon du chemin de fer de l'Est, nous nous trouvâmes dans Paris, trois jours ne s'étaient point écoulés que nous cherchions la fameuse rue Pierre-Sarrazin. Le quartier latin n'avait point encore perdu sa physionomie, la rue de la Harpe partant du pont Saint-Michel, s'enfonçait entre une double rangée de hautes maisons aux façades noires et humides et s'arrêtait à la place Saint-Michel. Nous cherchâmes longtemps dans ce pâté de constructions allant de la rue de la Harpe à la rue Hautefeuille, suivant les rues Macon et des Deux-Portes-Saint-André-des-Arts et finîmes par apercevoir écrit, sur le coin d'un mur, le nom de Pierre-Sarrazin. Nous devons à la vérité d'avouer que notre désillusion fut grande.

Cependant ces vieilles rues rappelaient à notre esprit de nombreux souvenirs historiques. C'était dans une maison meublée, datant du seizième siècle, située rue des Deux-Portes-Saint-André, qu'était mort Crébillon père. Le journaliste révolutionnaire Hébert y avait établi un bureau de rédaction; Chaumette l'avait habitée et Hégésippe Moreau y avait demeuré quelque temps.

A côté, rue de l'École-de-Médecine, c'était le musée Dupuytren, installé dans le réfectoire du couvent des Cordeliers; un peu plus loin, la maison où fut assassiné Marat; à quelques pas, au coin de la rue Hautefeuille, le café de la Rotonde, toujours rempli d'étudiants. Ce café occupait le chœur de l'ancienne église des Prémontrés. Le reste de l'édifice avait été transformé en maison d'habitation. Enfin, la rue Pierre-Sarrazin traversait un ancien cimetière juif qui existait au quatorzième siècle.

Quelques années après, la physionomie du quartier était complétement changée. Le boulevard Saint-Michel traversait ces quartiers et allait aboutir de la rue de Seine à la rue d'Enfer. Le boulevard Saint-Germain arrivait jusqu'à la rue Hautefeuille, et ces deux voies étaient bordées de constructions magnifiques. Mais avec les maisons disparut aussi la population. Les étudiants quittèrent la rive gauche pour aller se loger un peu partout. Les cafés où ils se réunissaient devinrent déserts, le café de l'*Europe* disparut, celui de la *Rotonde* végéta péniblement et dut fermer, le *Procope* ne fut plus que l'ombre de lui-même, ses beaux jours étaient irrévocablement passés.

Au milieu de ces transformations brusques, les librairies étaient restées dans les environs des écoles. La maison Hachette eut son entrée sur le boulevard Saint-Germain, au lieu de la porte étroite de la rue Pierre-Sarrazin on pénètre par une porte large ouvrant sur les magasins et les bureaux situés à la hauteur d'un premier étage. Un bel escalier conduit à cet immense entrepôt de livres dont la vue saisit quand on y entre pour la première fois.

Des employés dont les bureaux sont symétriquement rangés écoutent les clients et les font servir. Les murs sont de la base au plafond garnis par des livres, et le long de ces rayons courent des échelles roulant sur de solides barres de fer. Des jeunes gens grimpent sur ces escaliers mobiles avancent, reculent pour atteindre la case où se trouve le volume qu'ils cherchent. D'autres commis préparent les ballots pour la province et, à certains moments de l'année, vers la fin de décembre surtout, c'est une animation fébrile, et l'on se demande comment tout ce personnel peut fonctionner avec tant de régularité au milieu des détails multiples d'un travail pressé.

Quand M. Louis Hachette mourut, en 1864, la maison était en pleine prospérité ; il avait mené à bien une œuvre vraiment grande, et la différence était énorme entre la modestie des débuts et la réputation acquise après trente-huit années d'efforts intelligents. Les deux gendres de M. Hachette, MM. Bréton et Templier, l'avaient beaucoup aidé, et après sa mort ils restèrent, avec MM. Hachette, fils, leurs beaux-frères, à la tête de la librairie.

Aux livres classiques, qui avaient commencé la réputation de la maison, on avait ajouté les publications littéraires et artistiques. Les romans ne durèrent que quelques années. Actuellement on a renoncé à ce genre. Seuls deux ou trois romanciers voient encore leurs œuvres éditées par MM. Hachette ; M. Cherbuliez est du nombre de ces favorisés.

L'*Année scientifique*, par M. Louis Figuier,

compte déjà un assez grand nombre de volumes, l'*Année musicale*, par M. Scudo, n'a vécu que quelques années, il en a été de même de l'*Année littéraire*, de M. Vapereau, de l'*Année historique*, de M. J. Zeller. L'*Année géographique*, par M. Vivien-Saint-Martin, a reparu après une année d'interruption. Mais la collection n'en sera pas moins complète, le volume de 1876 ayant été publié dans le courant de 1878.

Les dictionnaires sont nombreux, nous ne citerons que les principaux. Le dictionnaire de Littré, pour la langue française, celui d'*Histoire et de géographie* de M. Bouillet, celui des *Sciences et des arts* du même auteur ; le *Dictionnaire des contemporains*, par M. Vapereau, le *Dictionnaire géographique*, par M. Vivien-Saint-Martin, etc. Un magnifique atlas complète cette publication.

Le peuple français avait la réputation d'ignorer la géographie ; nous ne savons si cette réputation a été méritée. Dans tous les cas, le succès de la géographie de M. Élisée Reclus serait plutôt la preuve du contraire. On connaît les opinions politiques de M. E. Reclus ; il est à l'étranger pour cause de participation à la Commune. C'est en Suisse qu'il rédige son immense travail, dont quatre volumes ont déjà paru. Les plus forts géographes de l'Allemagne sont au moins égalés, sinon surpassés, et l'œuvre de M. Reclus peut aller de pair avec les grandes publications de nos voisins.

Après l'*Histoire de France* racontée à mes petits-enfants, de M. Guizot, paraît une *Histoire d'Angleterre*, rédigée par madame Cornélis de Witt sur des notes laissées par son illustre père. M. Duruy achève en 1878 l'*Histoire des Romains*, dont le premier volume parut en 1863.

L'admirable collection des *Grands Écrivains français* est placée sous la direction de M. Régnier, de l'Institut. Cette publication est un travail de bénédictin et des hommes érudits ont passé des années à rechercher des textes inédits, des documents, pour compléter la partie du travail dont ils s'étaient chargés.

M. Schumaker dirige la *Bibliothèque des Chemins de fer*. A la maison Hachette appartiennent toutes les librairies établies dans les gares. Pour qu'un volume puisse figurer à l'étalage de ces magasins, il faut au préalable qu'il soit revêtu de l'estampille.

M. Adolphe Joanne a conduit, depuis sa création, la collection de *Guides Joanne*, qui compte un grand nombre de volumes avec cartes et plans. Citons encore la *Bibliothèque des Merveilles* et la *Bibliothèque Rose*.

Quant aux grandes publications illustrées, chaque année en voit éclore un certain nombre. On publie actuellement la *Suisse*, qui formera deux volumes in-4°, et sera le pendant de l'*Italie*, de M. Jules Goudault.

La littérature anglaise est représentée par de nombreux romans qui font partie d'une collection spéciale.

Les chefs de la maison Hachette, malgré les occupations nécessitées par un immense mouvement d'affaires, ne dédaignent point de s'occuper de détails spéciaux. M. Georges Hachette surveille la publication du dictionnaire de M. Littré et dirige la librairie espagnole, qui compte un grand nombre de volumes, que l'on expédie dans toutes les anciennes colonies américaines de l'Espagne. M. Bréton s'est chargé des classiques et des publications savantes; M. Fouret est à la tête du *Journal de la Jeunesse*, et M. Templier s'occupe du *Tour du Monde*. Le neveu et gendre de ce dernier, M. A. Templier, apporte également un concours actif et intelligent dans la direction de la librairie.

En principe, la maison Hachette ne publie aucun livre de politique militante ; une exception a été faite en faveur de M. Jules Simon pour la *Politique radicale*, parce que, tous les autres ouvrages de cet ancien ministre ayant paru à la librairie, on n'a point voulu laisser chez un autre éditeur, un seul volume portant son nom.

* *

Avec le grand nombre des journaux existants, la situation de celui qui est chargé des relations avec la presse est assez délicate. Il faut qu'il sache résister aux demandes et ne donner des livres qu'à des écrivains qui en parleront. Il est très-difficile de l'induire en erreur sur l'importance de tel ou tel journal, car il a tous les mois le tirage moyen de toutes les feuilles politiques.

Ce poste a été occupé par M. Louis Asseline, ancien directeur de la *Libre Pensée*, petite feuille dont E. Eudes était le gérant. Eudes devint général de la Commune. M. Asseline fonda une correspondance républicaine, devint rédacteur du *Rappel* et conseiller municipal. Un romancier très-connu, M. Émile Zola, avait précédé M. Asseline; actuellement, c'est M. Caillé qui conduit le service important de la publicité.

Un écrivain libre-penseur, M. Victor Chauvin, a été aussi attaché à la maison Hachette. Il est mort sans laisser après lui aucune œuvre. M. Charles Joliet, romancier de talent, travaille à la librairie et finit sa journée par une partie d'échecs au café de *la Régence* avec le vicomte de Bornier, l'heureux auteur de la *Fille de Roland*.

Les ouvrages mis à la disposition du public par la maison Hachette forment un total de plus de 300,000 volumes.

XLVIII

FURNE ET JOUVET.

Il existe encore, dans le vieux quartier de l'Université, des rues qui ont conservé leur physionomie au milieu des percements de voies nouvelles, percements qui ont modifié l'aspect de cette partie de Paris. Dans les rues dont nous parlons, peu ou pas atteintes par les démolisseurs, les cours sont vastes et les appartements élevés, souvent même des jardins forment des oasis de verdure au milieu des constructions.

La voie qui fait communiquer le pont Saint-Michel et le carrefour de Buci est bordée à droite et à gauche de maisons anciennes, aux hautes fenêtres ; on sent que ces immeubles ont dû être construits pour des bourgeois aimant leur intérieur. Le numéro 45 de la rue Saint-André-des-Arts est un de ces antiques hôtels, occupé aujourd'hui par une étude de notaire, un magasin de papier et une librairie : la librairie Furne et Jouvet. Cette maison s'élève sur l'emplacement de l'hôtel de Jacques Coyctier, médecin de Louis XI, qui s'y était installé en quittant la cour.

Cette résidence ressemblait tout à fait à un palais ; elle avait été construite, en effet, pour une princesse de sang royal, Valentine Visconti, duchesse d'Orléans, belle-sœur de Charles VI. Coyctier, qui s'était fait bien des envieux, ayant eu l'habileté de persuader à Louis XI que le premier qui mourrait, lui ou le souverain, l'autre le suivrait dans la tombe à huit jours de distance, conserva, grâce à ce subterfuge, la faveur du redoutable et crédule monarque. Il fut inhumé dans l'église Saint-André-des-Arts, qui s'élevait sur la place de ce nom.

Cet édifice religieux renfermait aussi les tombeaux de l'historien Christophe de Thou, du célèbre généalogiste d'Hozier, de Houdart de Lamotte, membre de l'Académie française, et de beaucoup d'autres personnages illustres. Fermé en 1790, il fut démoli peu de temps après.

Le 12 mars 1853, le docteur Orfila mourait au numéro 45 de la rue Saint-André-des-Arts. On raconte à propos du titulaire de l'étude de notaire dont nous avons parlé, une anecdote assez curieuse. Ce notaire, M. Sébert, nommé député de l'Oise, faisait partie de l'Assemblée dissoute par le ministère du 16 mai 1878. A la Chambre, il votait avec la droite, mais il changea brusquement d'opinion, à ce qu'on raconte du moins, pour un motif absolument personnel.

Toujours mis correctement, habit noir, cravate blanche, il fut rencontré un jour par M. de Broglie, alors président du conseil — après le 24 mai 1873 — au moment où il allait entrer dans la salle des séances de l'Assemblée. Le duc, à sa tenue, le prit pour un huissier de la Chambre, l'appela et lui tendant son portefeuille, dit :

— Tenez, mon ami, portez donc cela à ma place.

Le député-notaire rougit jusqu'aux oreilles et répondit au ministre qu'il s'adressait à un collègue et non à un huissier. M. de Broglie s'excusa, mais M. Sébert ne lui pardonna point l'erreur qu'il avait commise et alla s'inscrire au centre gauche. Le conservateur s'était fait républicain.

Le fondateur de la librairie, M. Charles Furne, s'établit au rez-de-chaussée de cette maison presque historique. Les magasins donnent sur un vaste jardin rempli de fleurs et d'arbres séculaires; au fond est une grotte en rocaille, du sommet de laquelle s'échappe de l'eau qui tombe en filets d'argent sur les rochers qui forment les murs. L'été, dans ce frais coin de verdure, à l'ombre des grands arbres, on se croirait loin de Paris. C'est à peine si les bruits de la rue arrivent aux oreilles des promeneurs. Aussi fait-il la joie des nombreux artistes chargés d'illustrer les livres publiés par la maison Furne et des littérateurs qui se promènent pendant la belle saison sous le feuillage qui sert d'abri à d'innombrables oiseaux remplissant l'air de leurs chants.

M. Charles Furne a attaché son nom à des éditions illustrées passant en librairie pour de véritables monuments. Il fit exécuter un nombre considérable de gravures sur acier, et il savait à ce point stimuler et encourager les artistes qu'il leur faisait produire de véritables chefs-d'œuvre. Ces compositions charmantes, ou reproductions de tableaux, servirent à illustrer les classiques français, les œuvres de Chateaubriand, Casimir Delavigne, Victor Hugo, Lord Byron, Lamartine, la Biographie universelle, la Géographie universelle, le musée de Versailles, l'Histoire de Paris, la Révolution française, le Consulat et l'Empire, l'histoire de Napoléon, Buffon, Lacépède, la Bible, la vie des Saints, la vie de Jésus-Christ, Rome, Venise, Algérie, les villes de France, les romans de Walter Scott et de Fénimore Cooper, les vierges de Raphaël, etc., etc. Sous sa direction, les frères Johannot, Raffet, Desenne, Rouargue, Horace Vernet, Traviès, Devéria, travaillèrent à cette magnifique collection, qui forme le catalogue de gravures de la maison Furne-Jouvet, et qui comprend plus de deux mille planches.

La maison Furne est une des premières qui aient adopté la vente des ouvrages par livraisons, et, depuis quarante ans, elle n'a cessé de répandre par ce moyen dans le public d'excellentes publications illustrées. Citons parmi les plus connues, l'Histoire de France populaire depuis les temps les plus reculés jusqu'à nos jours, par Henri Martin (avec des dessins exécutés par un maître du genre, Philippoteaux), et les *Merveilles de la Science et de l'Industrie*, par Louis Figuier; et parmi les plus belles, la magnifique édition de l'*Histoire des Croisades*, de Michaud, illustrée de cent grandes compositions par Gustave Doré. Cette librairie semble abandonner la vignette sur acier dans ses publications d'histoire, de littérature et de science vulgarisée, pour la remplacer par des gravures sur bois, répondant aux tendances et à la mode du jour. Par ce genre d'illustrations, la maison Furne a su conquérir dans la librairie française, un des rangs les plus honorables.

Parmi les écrivains et artistes contemporains qui ont fréquenté la maison Furne, et sans parler des maîtres qui les ont précédés, nous citerons Balzac, Chateaubriand, Casimir Delavigne, Victor Hugo, Lamartine, Michaud, A. Thierry, Thiers, etc., etc...., et parmi ceux qui la fréquentent encore, A. Assollant, Bâtissier, Élie Berthet, de Bellecombe, L. Blanc, Louis Figuier, Gautier fils, Houssaye, de la Blanchère, Laboulaye, Hippolyte Lucas, Henri Martin, Mary Lafon, Nadault de Buffon, Rosseuw Saint-Hilaire, Tony Johannot, Desenne, Clerget, Rousseau, Edouard Traviés, Yvon, Perrichon, Yan'Dargent, Paul Baudoin, Gustave Roux, Gustave Doré, Meissonnier, Bertall, Français, Foulquier, etc., etc....

Aux expositions universelles de Paris en 1855 et 1867, la maison Furne a été honorée de deux médailles d'argent. M. Jouvet, le chef actuel de la maison, et qui la dirige depuis 1865, s'était associé à cette époque à M. Furne fils, qui est mort en 1875.

XLIX

LA LIBRAIRIE NOUVELLE.

Située en plein boulevard des Italiens, près de l'Opéra-Comique, du café Riche, de la Maison-d'Or, du café Anglais, de Tortoni ; les habitués du théâtre et ceux des cafés sont aussi, pour la plupart, des familiers de la Librairie Nouvelle.

Cet établissement, qui a eu pour chefs MM. Jaccottet et Bourdillat, appartient actuellement à M. Calmann Lévy. M. Bourdillat, en quittant la librairie, passa avec M. Pointel au *Monde illustré* et à la *Petite Presse* en qualité d'administrateur. Quand ces deux journaux devinrent la propriété de M. Paul Dalloz, directeur du *Moniteur universel*, l'administrateur et la rédaction quittèrent les hauteurs de la rue Bréda, pour venir s'installer au quai Voltaire. Mais la librairie que M. Bourdillat avait abandonnée pour les journaux continuait à prospérer; on n'y éditait plus, elle était devenue une succursale de la maison Michel Lévy, un centre où tout ce qui se publiait à Paris d'œuvres d'imagination venait aboutir, et un lieu de réunion où se rencontraient les littérateurs, les auteurs dramatiques, les flâneurs, qui venaient s'informer des dernières nouveautés parues, de la plus récente médisance mise en circulation.

C'est la Librairie Nouvelle qui a publié l'édition de Balzac, in-12, à 1 franc le volume.

A ce moment c'était un coup d'audace, car Balzac n'avait qu'un nombre restreint de lecteurs, malgré sa réputation. Le bon marché attira les acheteurs et l'illustre auteur de la *Comédie humaine* fut non-seulement connu par son nom, mais son œuvre fut appréciée par un grand nombre de lecteurs nouveaux.

MM. Michel Lévy ont entrepris et conduit à bien une édition luxueuse de Balzac.

Les romanciers surtout fréquentent la *Librairie*

Nouvelle. C'est là qu'ils peuvent prévoir le succès de leur œuvre. Dans le public qui entre pour acheter un ouvrage, un roman bien poussé par les employés peut s'écouler très-vite, à la grande joie de l'auteur, qui trop souvent oublie que cette vente rapide a pour cause, non pas son nom, mais l'habileté d'un commis. Celui-ci, en effet, présente à chaque client qui vient lui demander quel est le roman à succès, le volume paru récemment, et l'acheteur paye.

Fervacques, mort brusquement en 1876, était un des assidus de la *Librairie Nouvelle*. Son véritable nom était Léon Duchemin. Sous l'empire, modeste employé au ministère de l'intérieur, rédacteur du *Peuple Français*, dirigé alors par M. Auguste Vitu, il fut, après le 4 septembre 1870, nommé sous-préfet d'Yssingeaux, dans la Haute-Loire. Destitué par M. Gambetta, lorsque celui-ci sortit de son ballon, il reprit la plume de journaliste, et après la signature de la paix, en 1871, entra au *Gaulois*.

Jusqu'alors il n'était connu que comme homme du monde et viveur aimable, lorsqu'il publia, sous le pseudonyme de Fervacques, des articles sur la haute vie parisienne. La finesse de ses aperçus, le ton de vérité qui se devinait dans son œuvre légère, attirèrent l'attention, et Fervacques devint une des célébrités du boulevard. On sentait que ses récits n'étaient point de la fantaisie et qu'il connaissait à fond ce coin de la société qu'il dépeignait avec tant de brio.

Il publia, en collaboration avec Bachaumont, quelques romans qui eurent un grand succès. Un de ces romans était en cours de publication dans le *Constitutionnel* lorsqu'il mourut subitement dans la maison où il s'était installé, à Auteuil, au milieu d'un jardin plein d'arbres et de fleurs ; il n'avait pas quarante ans.

MM. Jules et Edmond de Goncourt, Gustave Flaubert, Paul de Saint-Victor, Xavier Aubryet, se donnaient rendez-vous à la Librairie Nouvelle tous les dimanches à six heures. M. Aubryet ayant été atteint d'une maladie grave, son état parut désespéré, et un individu qu'il croyait son ami crut l'instant favorable pour manger à ses dépens. Ce peu scrupuleux personnage se rendait au restaurant où on l'avait vu souvent en compagnie de M. Aubryet, et faisait porter la dépense au nom de l'écrivain. Ce dernier ne mourut point et la chose finit par se découvrir. On apprit aussi une foule d'autres détails sur la façon d'agir du même exploiteur, qui se crut un instant perdu et ne dut son salut qu'à la discrétion des quelques personnes qui connurent l'histoire.

Louis Bouilhet accompagnait souvent M. Gustave Flaubert, son compatriote et son ami, à la Librairie Nouvelle.

Quand M. Victorien Sardou a une première, il se promène en fumant son cigare au milieu des livres et attend fièvreusement le résultat de la soirée. M. Alexandre Dumas, à qui on demande souvent de ses livres, les fait expédier par la librairie. M. Léon Halévy aime les éditions rares, M. Meilhac est un bibliophile capricieux ; il y a des jours où il passera indifférent devant des volumes superbes et tirés à quelques centaines d'exemplaires seulement. D'autres fois, il admire, se passionne et achète. Il est aussi spirituel dans la conversation que dans ses pièces. Léon Gozlan, qui avait eu une querelle avec M. Polydore Millaud, le fondateur du *Petit Journal*, se vengeait d'une façon bizarre. Quand il était à la Librairie Nouvelle, s'il apercevait un nègre sur le boulevard, il se précipitait à sa rencontre, et l'appelait Millaud. Le noir ouvrait de grands yeux étonnés et continuait son chemin, pensant qu'il avait eu affaire à un fou. M. Aurélien Scholl a toujours à la main sa fameuse canne barométrique. M. Octave Feuillet, qui habite Saint-Lô, vient, lors de ses voyages à Paris, causer avec les commis de son éditeur. En quelques minutes il est au courant du mouvement littéraire, il connaît la pièce nouvelle, le roman du jour.

M. Champfleury visite souvent la Librairie Nouvelle; l'auteur de *Chien-Caillou*, grand amateur de faïences peintes, est devenu un des gros bonnets de la Manufacture nationale de Sèvres.

Des collègues à l'Académie de MM. Feuillet et Alexandre Dumas : MM. Cuvillier-Fleury, ancien précepteur des princes d'Orléans, Émile Augier, le comte d'Haussonville, Xavier Marmier, vont jeter un coup d'œil sur les nouveautés parues. M. Emile Augier est l'oncle de M. Paul Deroulède, brave soldat et poëte de talent. Sa pièce l'*Hetman* a attiré à l'Odéon tout le public lettré de Paris. M. d'Haussonville appartient à une des plus anciennes familles de la Lorraine ; un des bastions des superbes fortifications de Nancy, détruites par ordre de Louis XIV, portait le nom de d'Haussonville.

Le chef actuel de la famille a publié l'*Histoire de la réunion de la Lorraine à la France*, ouvrage fort remarquable : il présida la Société de protection des Alsaciens-Lorrains, qui a rendu tant de services à nos malheureux compatriotes. Son fils, M. le vicomte Othenin, est l'auteur d'un travail sur les prisons et d'intéressants articles de la *Revue des Deux-Mondes*. On le voit aussi assez souvent à la Librairie Nouvelle. M. Marmier offre des cigarettes à tous ceux qui l'entourent.

M. Jules Noriac a une charmante et toute jeune fille qui accompagne quelquefois son père. Elle chasse de race, car elle a déjà proposé à M. Calmann Lévy le manuscrit d'une pièce dont elle est l'auteur. M. Jules Verne, qui habite Amiens, ne vient pas une seule fois à Paris sans entrer à la Librairie. On y rencontre assez souvent M. Erckmann, mais jamais son collaborateur Chatrian. Lamartine était un grand amateur des romans de ces deux écrivains.

M. Hector Malot, le romancier républicain, est un habitué : il amène sa petite fille, qui est un bijou de grâce et de gentillesse. M. Mario Uchard, l'auteur de la *Fiammina*, vient se reposer après la Bourse, car, comme il le dit lui-même en riant, il sacrifie tous les jours à Plutus. Il fait partie du cercle de l'Union artistique, plus connu sous le nom fantaisiste des *Mirlitons*. On a vu longtemps, à la Librairie Nouvelle, Fiorentino, le célèbre critique du *Constitutionnel*, qui était entouré d'artistes cherchant à obtenir la promesse d'une réclame. M. Ernest Feydeau, fatigué et malade, se traînait jusqu'au coin de la rue de Grammont. Georges Sand, qui avait cependant pour éditeur M. Lévy, n'allait jamais dans leur maison du boulevard des Italiens.

Les écrivains militaires vont y causer littérature; on y voit le général Ambert et le colonel d'Andlau, qui sont eux-mêmes des auteurs de talent; le général Marmier, frère de l'académicien; le colonel Magnan. Peu de femmes de lettres, par exemple; nous ne citerons que madame Marie de Grandfort, madame la comtesse Pasckoff, auteur de la *Princesse Vera Glinsky ;* madame Louis Figuier, madame Lionel de Chabrillan, plus connue sous le nom de Céleste Mogador. On vient de publier une nouvelle édition de ses Mémoires avec son portrait.

Le prince Lubomirski, dont les romans ont acquis à leur auteur une certaine réputation, allait à la Librairie Nouvelle entouré d'un état-major de généraux russes. La guerre avec la Turquie a obligé ces moscovites à quitter Paris. Le prince, sous l'empire, s'était fait remarquer par son existence luxueuse. Tout à coup il disparut de la circulation : les journaux parlèrent de cette éclipse, puis on oublia le brillant boulevardier. Grâce à ses relations, M. Lubomirski travailla à la Bourse comme coulissier, puis il donna quelques articles à différents journaux et revues et enfin publia des feuilletons qui obtinrent un réel succès. Il avait fait paraître en 1869 un volume ayant pour titre : *Souvenirs d'un page du tzar Nicolas.*

Dans cet ouvrage, mis en français par M. Frédéric Béchard, le prince auteur, tout en montrant un grand respect pour le souverain, qui, dit-il, « l'avait comblé de biens, de richesses et de faveur, » déclare aussi qu'il « n'est russe, ni d'esprit, ni de sentiment », et plus loin que, « si un conflit se présente, son âme élèvera des vœux pour la Pologne ». Depuis, le prince Lubomirski s'est rallié à la Russie. Lors de son mariage avec madame veuve Boyer, tout le personnel de l'ambassade russe, le prince Orloff en tête, assistait à la cérémonie.

M. du Boisgobey affectionne les livres sur l'art militaire. Quatrelles cherche dans les conversations un sujet d'article pour la *Vie Parisienne*. Sous le pseudonyme de Quatrelles se dissimule la personnalité de M. Ernest Lépine, ancien secrétaire du duc de Morny. C'est M. Lépine qui est l'auteur de *Monsieur Choufleury*, dont la paternité a été attribuée au duc. Eugène Chavette fait des mots d'esprit. Depuis qu'il est devenu châtelain à Monfermeil, M. Eugène Chavette publie moins de romans et sa présence devient plus rare à la librairie. Malgré la fortune que possédait son père, qui n'était autre que M. Vachette, le célèbre restaurateur du boulevard Montmartre, le romancier a vécu longtemps seul, ne demandant de ressources qu'à son travail. Il faut dire qu'il possède une imagination brillante, du talent, de l'esprit, et un caractère très-gai.

Le *Guillotiné par persuasion* est une œuvre désopilante ; dans ses romans on trouve toujours un ou plusieurs personnages d'une bêtise telle, que le lecteur le plus morose se livre malgré lui à des accès de folle hilarité.

Un des romans de M. Chavette, *Nous marions Virginie*, excita l'indignation des portiers, parce que l'un de ses héros tirait le cordon dans une maison quelconque, et qu'il en avait fait un type grotesque.

Le chroniqueur le plus connu est Bachaumont qui écrit au *Constitutionnel* et au *Sport*. Fréquentant le vrai monde, membre de plusieurs cercles, Bachaumont ne fait rien de fantaisiste, les détails qu'il donne sont vrais ; s'il décrit une toilette, c'est qu'il l'a vue ; s'il parle d'une soirée, c'est qu'il y a assisté. Il n'a pas besoin de demander des renseignements à l'un ou à l'autre pour rédiger ses chroniques, c'est ce qui fait sa supériorité. Ajoutons à cela un style léger et entraînant, on comprendra le succès de l'écrivain.

Bachaumont est, on le devine sans peine, un nom de guerre : celui qui l'a pris se nomme Émile Gérard. Tout jeune encore, presque enfant — il n'avait pas dix-huit ans, — il fonda la *Nouvelle Revue de Paris* avec des fonds provenant de la caisse paternelle. Il est assez rare de voir un négociant fournir de l'argent à son fils pour créer une Revue ; mais M. Gérard père, s'il eût vécu, ne regretterait point le capital englouti dans la *Revue de Paris*. Après le jeune Gérard le recueil passa successivement entre les mains de M. H. de la Madeleine, du docteur Lesourd, de madame Raoul de Navery et disparut. Mais son fondateur avait pris goût à la littérature. Après une éclipse de quelques années, il reparut sous le nom d'emprunt auquel il a ajouté une nouvelle célébrité. Les *Mémoires* du premier Bachaumout sont l'histoire au jour le jour des faits et gestes d'une foule de personnages du dix-huitième siècle ; les *Chroniques* du deuxième du nom font pénétrer dans la vie intime de la société du troisième quart du dix-neuvième siècle.

Bachaumont n'écrit pas que des chroniques, il est romancier ; il a eu pour collaborateur, nous l'avons dit plus haut, Fervacques.

Nubar-Pacha, qui est un biliophile passionné et très-érudit, se montre en compagnie de M. Charles Edmond, directeur de la bibliothèque du Sénat. M. le commandeur Nigra, ambassadeur d'Italie, a un grand faible pour la Librairie Nouvelle. D'autres notables personnages politiques sont assez étonnés de s'y rencontrer ; M. Jules Simon se coudoie avec M. le duc de Broglie ; M. Victor Hugo va s'y reposer ; après avoir plaidé au Palais de Justice, MM. Cléry et Carraby quittent les dossiers pour les livres. Le dernier a rédigé longtemps et avec succès le Courrier du Palais à l'*Univers illustré*. M. Louis Ulbach, fondateur de la *Cloche*, M. Albéric Second, MM. Alphonse et Ernest Daudet, M. Labiche, le brillant vaudevilliste, sont, ou ont été des habitués de la librairie. M. d'Ideville a été diplomate de l'Empire, il a publié sur ses missions en Grèce, en Italie, en Allemagne, plusieurs volumes remplis de détails extrêmement piquants. Préfet d'Alger à la suite du 24 mai 1873, M. d'Ideville donna sa démission peu de temps après.

Quand M. Henri Rivière ne voyage pas, il va à la Librairie Nouvelle. Cet écrivain charmant est capitaine de frégate. Un magistrat très-modeste, M. Eugène Mouton, qui écrit sous le pseudonyme de Mérinos, M. Paul Perret, qu'on s'est enfin décidé à décorer, M. Armand de Pontmartin, le brillant critique de la *Gazette de France*, M. Edouard Cadol, M. le comte Pierre de Castellane, M. Bertall, le spirituel caricaturiste, les princes de la famille d'Orléans, vont feuilleter les livres et causer à la Librairie Nouvelle. On sait que MM. Michel Lévy soutinrent sous l'Empire un procès qu'ils gagnèrent pour rentrer en possession de l'*Histoire de la maison de Condé*, dont l'auteur était M. le duc d'Aumale. On avait trouvé tout simple de saisir l'ouvrage avant sa mise en vente.

MM. Nélaton, Chassaignac, le docteur Piorry et quelques autres médecins célèbres, ont été des habitués de la librairie. Après les savants, les artistes: le sculpteur Franceschi, le mari d'Emma Fleury ; Clésinger, qui venait acheter les romans de sa fameuse belle-mère, madame George Sand ; le peintre Charles Marchal, dont le suicide a causé tant d'émoi dans le monde qui s'occupe de l'art ; M. Thomas Couture, auteur de deux volumes devenus fort rares sur la peinture ; Puvis de Chavannes, dont la nomination au grade d'officier de la Légion d'honneur, a soulevé tant d'applaudissements.

Des compositeurs : Meyerbeer, Gounod, Léo Delibes; des directeurs de théâtres : MM. Carvalho, Bertrand, Victor Koning, ont flâné autour des rayons de la Librairie Nouvelle. M. Koning est un directeur habile et un journaliste spirituel. En 1870, avant la guerre, il faisait partie de la rédaction de *Paris-Journal* et publiait sur les personnalités du demi-monde des articles qui avaient un grand succès. Naturellement il ne mettait pas les noms des personnages, mais les allusions étaient si transparentes, qu'on savait de suite de qui il voulait parler. Un jour l'employé aux abonnements reçut la visite d'un monsieur parfaitement mis qui se plaignit amèrement de M. Koning, disant que, dans l'article de la veille, il s'était reconnu dans

le mari trompé et vivant aux dépens de sa femme.
« Ce procédé me déplait, s'écria-t-il, et je ne renouvellerai pas mon abonnement ! » L'employé, qui avait cru que cette affaire finirait par un duel, fut abasourdi en voyant ce mari complaisant se venger de l'injure qu'il disait avoir reçue en se désabonnant.

Parmi les auteurs étrangers qu'on voit souvent à la Librairie Nouvelle, nous citerons : MM. Longfellow, Charles Read et l'écrivain politique Charles Dilke. Quand un littérateur connu meurt, tous les reporters se précipitent à la Librairie, achètent les œuvres du défunt et écrivent leurs articles nécrologiques. Ces renseignements, puisés à la même source, donnent aux articles un air de ressemblance pouvant faire croire qu'ils sortent de la même plume.

On voit que la Librairie est autant un centre littéraire qu'un magasin de livres. Nous avons dit, au commencement de cet article, que les employés peuvent augmenter la vente d'un roman, parce qu'ils ont des clients qui achètent de confiance ; il faut dire que cette confiance est rarement trompée, car les commis, outre qu'ils connaissent le goût de l'acheteur habituel, lisent, rapidement il est vrai, les volumes qui leur sont envoyés ; ils savent alors s'ils peuvent les recommander. Du reste, il n'y a rien de surprenant s'ils connaissent bien leur public, la Librairie Nouvelle étant une des rares maisons de Paris où plusieurs employés comptent plus de vingt ans de service.

Les femmes du monde vont y chercher des comédies de société. Tous les jours, de Paris et surtout de la province, arrivent des offres de manuscrits, il faut répondre à ces amoureux de la célébrité. Les différents éditeurs parisiens envoient en moyenne vingt-cinq volumes par jour à la *Librairie Nouvelle*, il est fort difficile de les mettre à l'étalage, aussi les auteurs tâchent-ils d'insinuer que leurs œuvres sont de première force, et que leur place est d'être mis bien en vue, derrière la vitrine, du côté du boulevard.

L

PALMÉ.

Dans la rue de Grenelle-Saint-Germain, le rez-de-chaussée de la maison portant le n° 25 est occupé par une librairie. A l'étalage on voit de superbes in-folios dont les titres rouges se détachent sur le fond gris de la couverture. Ce sont les *Historiens des Gaules et de la France*, les *Acta sanctorum*, l'*Histoire littéraire de la France*, *Gallia christiana*. Les amateurs et les érudits s'arrêtent pour admirer, les uns, la beauté de l'impression, les autres, le volume pour ce qu'il renferme. Ce sont en effet les travaux d'une longue succession de moines érudits qui apparaissent au grand jour à la satisfaction de tous ceux qui ont quelque souci de la gloire de la France.

Ces différents ouvrages forment de nombreux volumes et on se demande comment un homme seul a pu assumer la lourde entreprise de les réimprimer. Les souscripteurs sont venus, la publication d'un volume permettait de mettre le suivant sous presse, et l'affaire marchait.

Entrons dans ce magasin. Comme dans toutes les librairies importantes, c'est un va-et-vient continuel de commis qui viennent acheter des livres, puis ce sont des visiteurs qui attendent que le chef de l'établissement soit libre pour pouvoir lui parler. On pénètre dans un cabinet assez grand, modestement meublé, où, assis devant une table qui lui sert de bureau, est M. Victor Palmé.

D'une taille assez élevée, les yeux noirs, brillants, d'une mobilité extrême, la figure encadrée dans une longue barbe d'un noir de jais, le geste prompt, la tête déjà dégarnie, tel est au physique M. Palmé. Il est jeune, — à peine quarante ans — et est le véritable créateur de la librairie. Il est le propriétaire de la *Revue du Monde catholique*, recueil paraissant deux fois par mois ; il publie aussi la *Revue des Questions historiques*, qui parait chaque trimestre.

La revue : *Analecta juris Pontificii*, malgré son titre latin, est écrite en français et traite les questions de droit canonique et d'histoire ecclésiastique. Ce recueil très-ancien avait cessé de paraître depuis un siècle ; on a dû, en reprenant sa publication, mettre au jour et consulter des milliers de documents enfouis dans les archives romaines. La *Revue des Questions historiques*, ainsi que l'indique son titre, s'occupe de tous les points controversés de l'Histoire ; la *Revue du Monde Catholique*, c'est la politique, les lettres, les sciences, les arts ; les plumes les plus acérées et les plus brillantes du parti que ses ennemis appellent ultramontain, ont collaboré à la *Revue*. Nous citerons MM. Louis et Eugène Veuillot, M. Henri Lasserre, M. Léon Gautier, M. Chantrel, M. Rastoul, M. Arthur Loth, M. Charles Buet.

Parmi les membres du clergé dont les œuvres ont été publiées par M. Palmé, on remarque Mgr Pie, évêque de Poitiers ; le R. P. dom Guéranger, le célèbre Abbé de Solesme ; Mgr Mermillod, l'évêque que les Génevois calvinistes ont chassé de leur ville ; Mgr Landriot ; le R. P. Ratisbonne, auteur de l'ouvrage fort remarquable qui a pour titre : *Saint Bernard et le douzième siècle ;* Mgr Ozanam, Mgr de la Bouillerie ; M. l'abbé Maistre ; Mgr Meignan ; Mgr de Kernaëret ; M. l'abbé Lambert, membre de la société Géologique de France.

Le P. Héribert Rosweyde, jésuite de le maison d'Anvers, avait eu l'idée de publier les actes des vies des Saints ; un autre savant jésuite belge, Jean Bolland, commença cette gigantesque publication connue sous le nom d'*Acta sanctorum*. Beaucoup d'autres pères de la Compagnie de Jésus continuèrent ce travail, qui fut interrompu lors de la suppression des Jésuites, repris en 1779 et de nouveau arrêté à l'époque de la révolution française, lorsque les troupes républicaines entrèrent en Belgique, en 1794. Le dernier volume de la collection parut cette même année. Le gouvernement belge a fait continuer ce travail par les Jésuites, et un nouveau volume a paru en 1845 ; c'est le cinquante-quatrième.

C'est cet ouvrage qu'a réimprimé M. Palmé. Cette édition, dite d'Anvers, forme la première série des *Acta*. Une deuxième série par les écrivains Bollandistes, continuant l'édition d'Anvers, forme six volumes in-folio.

Colbert, le Tellier et d'Aguesseau avaient voulu publier la collection des *Historiens des Gaules et de la France,* dom Mabillon n'osa point commencer le travail. Colbert, qui en avait eu l'idée, mourut bien avant que parût le premier volume; d'Aguesseau eut au moins cette satisfaction de voir ce volume imprimé. Dom Bouquet, bibliothécaire de l'abbaye de Saint-Germain-des-Prés, se lança dans cette entreprise, dont il fit paraitre huit volumes, de 1738 à 1754, année de sa mort.

L'élan était donné, d'autres bénédictins continuèrent cette œuvre, — qui n'a sa pareille dans aucun pays, — jusqu'à la période révolutionnaire. C'est l'Académie des inscriptions et belles-lettres qui a repris les travaux des bénédictins.

II

Le directeur de la *Librairie catholique* a débuté très-modestement. Il occupait un petit magasin de la rue Saint-Sulpice où il vendait des objets de piété; livres de messe, chapelets, etc. En 1858 M. Palmé commença à éditer. Peu à peu, comme il le dit lui-même, l'on vit les grands évêques de

France, NN. SS. de la Tour d'Auvergne, de Bonnechose, Landriot, Plantier, Freppel, de la Bouillerie, Mermillod, Meignan, Dabert, Dechamps, et, d'un autre côté, MM. Louis et Eugène Veuillot, Henri Lasserre, Henri de Riancey, Léon Gautier, Armand Ravelet, Léon Aubineau, J. Chantrel et vingt autres, publier leurs livres chez lui.

En 1859, la guerre entre l'Italie et la France d'un côté et l'Autriche de l'autre allait éclater. On sentait la papauté menacée, M. Palmé fonda la *Revue du Monde Catholique*, qui compta parmi ses premiers collaborateurs M. Louis Veuillot. Parut le livre de M. Renan, la *Vie de Jésus;* aussitôt toutes les plumes catholiques répondirent à l'écrivain libre-penseur. De toutes ces brochures publiées par M. Palmé, quelques-unes soulevèrent bien des passions. L'actif éditeur créa la *Revue des questions historiques* qui eut le plus grand succès. Les adversaires des catholiques firent paraitre plusieurs publications dans le même genre, mais dans un ordre d'idées tout autre. Après la *Revue des questions historiques* paraissent les *Analecta juris pontificii*, organe spécial de la Théologie et du droit canon.

La *Vie des Saints* du père Giry fut réimprimée,

puis en moins de cinq années parurent les soixante volumes in-folio des *Acta sanctorum*. Des bollandistes passant aux bénédictins, M. Palmé commença en même temps la publication des *Historiens de la France*, de la *Gallia Christiana* et de l'*Histoire littéraire de la France*. La guerre de 1870 et la Commune de 1871 arrêtèrent l'élan, mais quand la paix fut signée les volumes reparurent.

Le concile et l'Exposition de Rome donnèrent une nouvelle activité à la librairie Palmé; les gallicans et les infaillibilistes étaient en présence. Dom Guéranger, le célèbre abbé de Solesme, fit paraître la *Monarchie Pontificale*, œuvre considérable, où les partisans de l'infaillibilité étaient énergiquement défendus. Un livre dont le succès immense du début s'est maintenu, est *Notre-Dame de Lourdes*, de M. Henri Lasserre. C'est grâce à cet ouvrage qu'un coin sauvage et ignoré des Pyrénées a attiré des milliers de pèlerins. Des chemins ont été tracés, une église splendide a été élevée sur un terrain inculte. Où l'on ne voyait que quelques pâtres on aperçoit une population pressée; les chants religieux retentissent, l'orgue résonne où la tempête faisait autrefois entendre ses terribles rugissements.

M. Léopold Delisle, membre de l'Institut, dirige la publication des historiens des *Gaules et de la France;* M. Paulin Paris, également membre de l'Institut, s'est chargé de l'*Histoire littéraire de la France.* La réimpression de la *Gallia Christiana* est dirigée par le savant bénédictin dom Piolin.

Nous n'avons ni l'espace, ni l'intention de faire un catalogue de la librairie Palmé. Seulement nous avons tenu à citer les titres de quelques-uns des immenses ouvrages mis au jour par cet éditeur audacieux et intelligent.

M. Léon Gautier a publié les *Epopées françaises,* ouvrage couronné par l'Institut. Dans un autre ordre, M. Paul Féval, depuis qu'il a trouvé son chemin de Damas, est édité par M. Palmé. Cet écrivain a eu le courage de son opinion; sans se cacher et sans s'afficher, le catholique tiède et indifférent est devenu un chrétien pratiquant. Le romancier populaire est un des défenseurs de l'Église.

Nous avons cité les noms des rédacteurs de la *France nouvelle* (1), ces noms se retrouvent à la *Revue du Monde catholique.* M. J. Rambosson est

(1) Ce journal appartient à M. Palmé.

chargé de la chronique scientifique. Il a eu plusieurs de ses ouvrages couronnés par l'Institut. Le nom de Charles de Beaulieu est le pseudonyme de M. Charles ; Amédée Leyret cache la personnalité de M. Charles Buet.

On voit que la librairie Palmé a bien son intérêt, même pour le simple curieux. Évidemment le public n'est pas le même que celui de la Librairie nouvelle, de Dentu ou de Lemerre, mais il est aussi nombreux et se renouvelle aussi souvent. M. Lamulle, le principal employé chargé de répondre aux visiteurs, aux clients, aux écrivains, se tire bien d'une situation quelquefois compliquée. Il ne faut point appeler Votre Grandeur le coureur d'un commissionnaire en librairie, ni dire mon ami à un évêque !

LI

PLON.

Le fondateur de la maison, M. Henri Plon, mort le 25 novembre 1872, avait l'amour ou plutôt la passion de la profession d'éditeur. Presque tous les journalistes de la génération actuelle l'ont connu. Il se remuait pour lancer un livre et allait d'une rédaction à l'autre, porter l'extrait de l'ouvrage destiné à être reproduit. Il savait ce qui convenait à chaque journal et fournissait ainsi d'intéressantes variétés qui servaient de réclames au volume. Cette activité, cet esprit d'ordre, M. Henri Plon les portait dans les moindres détails de l'imprimerie et de la librairie qu'il avait fondées et rendues prospères. Aussi ce fut un deuil pour ceux qui l'avaient approché quand se répandit le bruit de sa mort. Il y eut des discours sur sa tombe, des articles nécrologiques dans les journaux de Paris et de l'étranger.

La famille Plon est originaire du Danemarck. Elle vint s'établir dans les Pays-Bas espagnols où elle exerça la profession d'imprimeur. M. Henri Plon entra dans les ateliers de Firmin Didot à l'âge de quinze ans, en 1821. A vingt-deux ans le roi des Pays-Bas l'appelait à la direction de l'imprimerie royale à Amsterdam. Il revint en France quelques années plus tard, continuer le métier de typographe, s'associa avec ses frères, et sa maison à partir de cette époque se plaça bientôt à la hauteur des premiers établissements typographiques de la France. Cette prospérité, M. Henri Plon sut la maintenir tant qu'il vécut. Nommé imprimeur de l'empereur, décoré, il mourut au milieu de ses livres qu'il aimait tant, songeant à des publications nouvelles. Son fils, M. Eugène Plon, lui succéda.

La librairie et l'imprimerie Plon sont installées rue Garancière dans deux vastes maisons dont l'une a été construite pour René de Rieux, évêque de Léon. Cet hôtel, appelé d'abord de Sourdéac puis de Montaigu, fut habité par le duc de Roquelaure et occupé par la mairie du XIe arrondissement. Les jardins s'étendaient jusqu'à la rue Servandoni — autrefois rue des Fossoyeurs. Il en reste encore une partie plantée de grands arbres dont les cimes vertes dominent les toits. En bordure sur la rue Servandoni ont été construits des bâtiments qui dépendent de l'imprimerie.

Les successeurs de M. Henri Plon continuent la tradition. Rien de ce qui tient à l'imprimerie n'est négligé par eux ; les gens de lettres et les artistes y trouvent un débouché pour leurs travaux. Disons en passant qu'un écrivain éprouve toujours une satisfaction très-grande de se voir bien imprimé. A la librairie Plon, les volumes les plus modestes sont très-soignés et le romancier est heureux de voir son œuvre s'étaler, propre et coquette, aux étalages des libraires ou de la bibliothèque des chemins de fer.

Parmi les principales publications de la maison Plon nous citerons : la grande série in-8 de *Publications sur l'Histoire de France* avec portraits et fac-similé ; la grande série sur la *Révolution française* ; la collection de documents sur la guerre de 1870-1871 avec cartes et plans ; la *Bibliothèque des voyages*, ornée de gravures et de cartes qui complètent le texte. Parmi les auteurs dont les impressions de voyage ont paru dans cette série, on remarque M. le comte de Beauvoir, M. le marquis de Compiègne, M. Charles Yriarte, M. le comte de Rochechouart, M. Henry Havard, etc. La *Bibliothèque des romans* compte déjà un certain nombre de volumes. Un écrivain dont les études sur les mœurs russes ont eu un grand succès, M. Henry Gréville, a été publié par la maison Plon.

Il y a trois ou quatre ans à peine que le nom d'Henry Gréville est connu dans le monde littéraire. Il publia ses romans russes à la *Patrie*, aux *Débats* et dans quelques autres journaux ; on lut avec curiosité ces récits pour la plupart fort intéressants, ils parurent en volumes et la critique s'occupa de l'auteur, dont le véritable nom est

Mme Durand. Ayant habité longtemps la Russie, Mme Durand a fort bien décrit la manière de vivre de la société de Saint-Pétersbourg.

M. Charles Canivet — Jean de Nivelle du *Soleil*, — M. René de Pont-Jest, madame Paul de Molènes, M. Ernest Daudet et plusieurs autres romanciers de talent ont des volumes dans la collection de M. Plon.

L'histoire religieuse, le droit et la jurisprudence n'ont point été oubliés et beaucoup d'ouvrages spéciaux sont signés par des écrivains religieux, et des jurisconsultes célèbres.

La librairie Plon a trois gérants, M. Eugène Plon, M. Robert Nourrit et M. Émile Perrin. Le premier est l'auteur d'un ouvrage très-remarquable sur les sculpteurs danois Thorwaldsen et Bissen. C'est un hommage délicat rendu à ce berceau de sa famille par M. Plon. Petit par son étendue, le Danemarck est grand par les hommes illustres auxquels il a donné le jour.

Au mois d'octobre 1877, M. Eugène Plon reçut

la croix de la Légion d'honneur ; son personnel lui offrit un banquet, il y eut des discours prononcés, des toast portés. Quelques mois après, ces ouvriers en apparence si dévoués se mettaient en grève et quittaient une maison dont ils n'avaient jamais eu à se plaindre. Serrements de mains, protestations, services rendus, tout était oublié. Il n'est resté de cette fête du 20 octobre 1877 qu'une brochure, imprimée avec luxe, contenant les discours prononcés à la salle Ragache, où avait lieu le repas. Et pourtant parmi ces ouvriers, qui, le jour même où paraissait la nomination de M. Plon, se cotisaient pour lui offrir une croix qu'ils lui présentaient attachée à un arbuste, au moment où il faisait sa tournée dans les ateliers, parmi ces hommes, il n'y avait pas que des menteurs. Mais un jour les chefs de l'association des typographes exigèrent, sans vouloir qu'on discutât leurs prétentions, une augmentation dans le prix du travail ; les patrons ne pouvaient céder devant une démarche aussi insolente. A l'heure fixée par les meneurs, la grève éclatait, les ateliers se vidèrent, les boutiques de marchands de vin se remplirent. Tous ces grévistes ont été remplacés par des femmes et des compositeurs venus de la province.

M. Robert Nourrit, beau-frère de M. Eugène Plon, est le fils du grand artiste Adolphe Nourrit. Avocat au conseil d'État, M. Nourrit céda sa charge et devint un des gérants de la librairie Plon. C'est à lui qu'est due la création de la collection des romans, c'est à lui que Henry Gréville doit d'avoir vu ses œuvres publiées en volumes après avoir paru en feuilleton.

Le troisième gérant de la maison, M. Émile Perrin, est un ancien libraire de Mulhouse.

LES LIBRAIRIES BONAPARTISTES

LII

PICK (de l'Isère).

Si quelqu'un n'a jamais été destiné à exercer la profession de libraire, c'est assurément M. Eugène Pick. Venu à Paris tout jeune, sans argent, sans ressources, ne sachant pas lire, la vie, pour lui, n'apparaissait pas sous des couleurs brillantes. Il fallait manger ; l'enfant vendit des épingles à quarante pour un sou au marché en plein vent de la rue de Sèvres. Dans les métiers modestes qu'il exerça, il finit par faire de petites économies. La librairie l'attirait, lui qui ne connaissait pas l'alphabet ; il entra comme voyageur chez un éditeur et plaça des livres ; il apprit à lire et un beau jour — c'était sous la présidence de Louis-Napoléon — il commanda à un homme de lettres une vie du prince-président, fit imprimer ce travail, et le plaça lui-même chez les particuliers.

Quelques années plus tard, M. Pick avait une librairie importante rue du Pont-de-Lodi, d'où étaient expédiées tous les jours des caisses remplies de livres aux nombreux voyageurs que l'ancien marchand d'épingles du marché de la rue de Sèvres avait sous ses ordres. Le nouvel éditeur avait fait placer à une de ses fenêtres un drapeau tricolore, et au-dessous de cet étendard on lisait : *Grande librairie Napoléonienne.*

Chez M. Pick se réunissaient des hommes politiques de toutes les opinions, des littérateurs, des poëtes. Nous citerons M. Émile de La Bédollière, alors rédacteur du *Siècle ;* M. Félix Ribeyre, rédacteur de la *France ;* le chansonnier Pierre Dupont, Charles Monselet, qui publiait l'*Almanach du Gourmand* à la librairie Napoléonienne, Fernand Desnoyers, poëte médiocre, qui rédigeait l'*Almanach parisien* ; Armand Lebailly, autre poëte qui a laissé quelques études littéraires qui n'ont de valeur que grâce à la collection dont elles font partie. Le fameux Charles de Bussy, dont le nom eut vers la fin de l'empire un retentissement déplorable, fréquentait aussi la librairie.

Quelquefois M. Pick et ses amis se rendaient en partie de campagne à Fontenay-aux-Roses, ils avaient fait une sorte de célébrité à l'auberge dite *le Coup du milieu*.

En 1861, M. Pick, à propos de la publication de l'*Almanach Parisien*, faisait tirer quelques exemplaires spéciaux pour les offrir à des amis. En même temps il leur adressait une invitation fantaisiste pour un repas qui devait avoir lieu l'année suivante. Les treize invités étaient ainsi désignés : Charles Monselet, gourmand ; E. de la Bédollière, chansonnier ; Pothey, chevelu ; G. Courbet, peintre ; J. Régnier, graveur ; Staal, dessinateur ; Champfleury, romancier ; Charles Coligny, chroniqueur ; Poulet-Malassis, éditeur ; Armand Lebailly, poëte ; Castagnary, critique d'art ; Fernand Desnoyers, géant de lettres. Enfin le treizième, (hors cadre), Firmin Maillard, qualifié « d'historiographe de la Morgue, bibliophile des hôpitaux, nécrologiste des filets de Saint-Cloud, etc. ».

Le rédacteur de l'invitation était M. Fernand Desnoyers. Le texte était orné d'un grenadier du premier empire, présentant les armes, et d'un gavroche ivre.

Quand arriva le 4 septembre, la *Librairie Napoléonienne* dut modifier son titre, ses habitués ne s'y réunirent plus. L'éditeur, un instant inquiété à cause de ses opinions, reprit courage et se remit à vendre des livres bonapartistes dans des boutiques non occupées, qu'il louait au mois.

Un de ces dépôts était situé boulevard Bonne-Nouvelle, près du Gymnase. Un jour trois hommes s'arrêtèrent à l'étalage et se montrèrent scandalisés de voir exposés des portraits des chefs du parti bonapartiste, des livres, des brochures où étaient imprimées les louanges de l'empire. M. Pick qui se trouvait par hasard à ce magasin entendit les réflexions des trois flâneurs. Agacé, il s'approcha d'eux, prit à l'étalage une petite brochure et la leur mettant sous les yeux, il leur dit bien haut :

— Voyez, Messieurs, prenez cet ouvrage, *La canaille à Paris*, deux sous, c'est pour rien !

Les trois hommes parurent d'abord interloqués,

puis ils se fâchèrent et eurent recours aux sergents de ville qui, selon l'habitude, voulurent conduire au poste plaignants et accusé, pour s'expliquer. M. Pick criait et se démenait, ses adversaires l'appelaient bonapartiste, lui les traitait de républicains et s'adressant à un sergent de ville, il lui dit :

— Ces hommes qui vous demandent votre appui sont les amis politiques de ceux qui ont assassiné vos camarades rue Haxo et jeté à l'eau Vizentini ! Vous me connaissez, ma boutique est là à deux pas, qu'ils disent ce qu'ils font, et comment ils se nomment !

L'agent trouva la chose toute naturelle, mais les trois plaisants ne se souciaient pas de pousser trop loin l'affaire, ils se retirèrent.

Cependant on sut quand même leurs noms, l'un était un conseiller municipal de Paris, M. Bonvalet, qui fut obligé depuis lors de donner une démission exigée par ses coreligionnaires politiques pour éviter un scandale, l'autre était un député, M. Tirard, et le troisième un littérateur fort connu.

M. Pick a eu successivement pour secrétaires M. Alfred d'Aunay, le poëte Fernand Desnoyers et l'auteur de ces lignes.

Émile LACHAUD.

Vers la fin de 1871, on remarquait, écrite en lettres gigantesques, sur la devanture d'une librairie de la place du Théâtre français, la phrase suivante, au-dessus du nom du boutiquier: *République Française*, annonces. Le patron de ce magasin était un libraire éditant alors des livres et des brochures politiques sur la commune et le socialisme de MM. Jules Amigues, Oscar Tardy et quelques autres écrivains. Peu à peu toutes les publications sortant de la maison Lachaud eurent un caractère presque exclusivement bonapartiste et le titre du journal de M. Gambetta disparut.

En effet, le mot république devait faire mal aux yeux des habitués de la librairie transformée. MM. Granier et Paul de Cassagnac, Albert Rogat, Georges Maillard, Paul de Léoni, impérialistes s'il en fut, y publièrent des travaux politiques ou des œuvres d'imagination. M. Albert Delpit fit éditer par M. Lachaud un volume dont un chapitre méritait un grand succès. Le titre de l'ouvrage était : *Les prétendants ;* le chapitre dont nous parlons, consacré à la famille d'Orléans, donne pour premier ancêtre aux fils de Louis-Philippe, Gaston, frère de Louis XIII.

Or, le plus modeste collégien sait que Gaston n'ayant pas eu d'enfants mâles, le titre de duc d'Orléans disparut à sa mort, et que ce titre fut rétabli par Louis XIV en faveur de son frère Philippe, souche de la deuxième branche des ducs d'Orléans-Bourbon.

Le superbe in-octavo de M. Delpit n'obtint qu'un succès médiocre, ce qui sauva l'auteur des plaisanteries des journalistes. M. Delpit a tâté un peu de toutes les opinions en fort peu de temps, il a été bonapartiste au *Gaulois* et à la *Patrie*, un peu légitimiste à la *France Nouvelle*, où il a publié un feuilleton ; il a tenté de devenir orléaniste dans le journal de M. Savary, l'*Écho universel*, avant de tomber dans le républicanisme à l'*Évènement*.

Pour être édité par M. Lachaud il fallait d'abord être bonapartiste, et c'était sur un visa de MM. A. Granier de Cassagnac ou Ernest Dréolle, qu'on avait une œuvre payée et imprimée. La librairie Lachaud a disparu, son directeur a été renvoyé par ses trop confiants commanditaires qui se sont aperçus que les services que leur rendait le libraire n'étaient pas en rapport avec l'argent dépensé.

Aujourd'hui l'éditeur bonapartiste est M. Guérard, près de l'Oratoire.

LIII

DENTU.

Le magasin occupe deux arcades de la galerie d'Orléans, et un des côtés du passage qui va de cette galerie à la cour du Palais-Royal. Les flâneurs s'arrêtent devant l'étalage, regardant les couvertures des livres rangés méthodiquement sur les planches de l'étalage.

A l'intérieur, un étroit bureau entre deux portes, où se tient un employé, puis, dans un coin de la pièce un second bureau où est M. Sauvaître, l'homme de confiance de M. Dentu, bien connu de tous les gens de lettres. Puis des amoncellements de volumes à travers lesquels on se fraye avec peine un étroit passage. Les murs sont cachés par des livres, les bureaux en sont surchargés, ainsi que d'épreuves renfermées dans de grandes enveloppes grises portant en grosses lettres noires le nom de l'imprimeur qui les a envoyées.

Un étroit escalier de fonte monte en spirale sous le plafond et s'arrête à un trou qui ressemble à l'orifice d'un puits : arrivé au sommet de cet escalier, on se trouve dans un petit cabinet encore rempli de volumes ; à droite une porte ouvre sur une pièce où des employés préparent les envois, et à gauche une autre porte : c'est l'entrée de l'ancien cabinet de M. Dentu.

Le plafond de la pièce dont nous parlons est très-bas ; une fenêtre en demi lune, prenant jour sur la galerie d'Orléans, y laisse pénétrer un jour blafard ; un commis, le nez enfoncé dans des livres énormes, tient les écritures de la maison, pose des chiffres à droite et à gauche, écrit quelques mots qui constatent les ventes, les bénéfices, les pertes.

Ce cabinet du maître de la maison était bondé de paperasses, du parquet au plafond. Dans ces papiers, un petit coin réservé pour une étroite table, placée en face d'une fenêtre pareille à celle de la pièce qui précède, sur cette table des papiers, dans les tiroirs, toujours des papiers, et entre ce meuble, ayant la prétention d'être un bureau, et les piles de volumes, deux chaises pas rembourrées, une pour le patron, l'autre pour le visiteur.

En 1876, M. Dentu, ayant agrandi son magasin, s'est installé au rez-de-chaussée, dans une pièce donnant sur la cour du Palais-Royal. Comparé au fameux réduit de l'entresol, ce cabinet est d'un luxe inouï. Il y a un vrai bureau à cylindre, dont on peut faire le tour sans trébucher dans les livres. On peut s'asseoir sans difficulté pour causer d'affaires.

Ce nouveau cabinet est précédé d'une pièce où se tient un secrétaire dont l'occupation principale est de découper dans les journaux et de coller sur du papier blanc, les articles publiés sur les volumes de la maison. Cette pièce sert aussi de salon d'attente.

M. Dentu est un homme jeune encore, aux cheveux et à la moustache noirs, aux yeux doux. Il est d'une politesse exquise, même avec les importuns, et Dieu sait s'il en voit! Il arrive presque tous les jours vers cinq heures, car il demeure loin de sa librairie. A partir de quatre heures, paraissent les gens de lettres, les uns pour proposer un volume, les autres pour chercher des épreuves, et enfin une troisième catégorie pour causer, apprendre des nouvelles. Presque tout ce monde se tient debout, car les siéges manquent; c'est à peine si dans les renfoncements, entre les montagnes de livres, on découvre trois ou quatre chaises qui sont toujours occupées. Leur fonction, de cinq heures à sept, n'est pas une sinécure; aussi ne faut-il se risquer qu'avec prudence sur ces meubles vénérables, mais peu solides.

Parmi les visiteurs de M. Dentu, on remarque les amis de la maison qui causent familièrement avec M. Sauvaitre, et les inconnus qui regardent les volumes pour se donner une contenance. Tous les écrivains en renom ont passé dans ce magasin, ont grimpé le petit escalier pour arriver auprès du célèbre éditeur.

Mais depuis le changement que nous avons signalé, cette échelle de fonte ne tremble plus sous les pas du débutant littéraire qui va offrir un roman. Que d'émotions, en traversant ce court espace séparant le rez-de-chaussée de l'entre-sol, que de craintes et d'espoirs !

.˙.

Les habitués de la librairie Dentu se composent des romanciers connus et inconnus édités par la maison, ou cherchant à y faire paraître un livre. Il y a eu autrefois le vicomte Ponson du Terrail, Emile Gaboriau, Timothée Trimm, morts tous trois avec une réputation acquise à force de travail. Les romans des deux premiers se vendent toujours, et du troisième, M. Dentu a édité un ouvrage posthume, *Mémoires de mes maitresses*.

Le vicomte avait repris du service pendant la guerre de 1870, — car c'était un ancien militaire. — Il mourut à la fin de la campagne. Gaboriau s'était fait une réputation de tireur que personne ne cherchait à lui contester. Pendant dix ans, il répéta, quand on parlait devant lui de duel, qu'il ne se battrait jamais, parce qu'étant certain d'embrocher son adversaire d'un coup d'épée ou de le trouer d'une balle, il ne voudrait pas commettre un assassinat. Il avait fini par croire lui-même à cette plaisanterie ; mais ce qu'il y eut de bizarre, c'est que personne ne lui demanda jamais de montrer sa force à l'épée et son habileté au pistolet. Dans le fond, ce maître des Pons, des Mimiague, des Robert, connaissait à peine le maniement du fleuret, et à trente pas, avec un pistolet de Devisme, il eût manqué une maison à six étages.

Timothée Trimm est mort complétement oublié, obligé pour vivre de rédiger des prospectus. Il avait horreur de la maison de santé Dubois, aussi, quand on le transporta de son domicile à l'hospice du faubourg Saint-Denis, il dit qu'il n'en sortirait pas vivant. En effet, le lendemain il rendait le dernier soupir.

Nous citerons, un peu au hasard, les noms des littérateurs que l'on rencontre le plus souvent chez M. Dentu.

M. Émile Richebourg est arrivé très-tard à la notoriété. Secrétaire de M. Dumont, l'ancien associé de M. de Villemessant, il écrivait des petites nouvelles qui passaient dans les journaux de mode, et s'occupait de les faire reproduire dans les feuilles des départements.

Un jour, il remit à M. Georges Guéroult, rédacteur en chef de feue l'*Opinion Nationale*, un roman intitulé la *Dame voilée*. Ce roman fut lu, reçu, et devait passer lorsque le journal sombra et M. Richebourg rentra en possession de son manuscrit. Il le porta au *Petit Journal* et l'immense clientèle à un sou de cette feuille dévora son œuvre.

On ne pouvait entrer dans une loge de concierge sans voir la portière essuyer ses yeux humides et répondre d'une voix émue à la question qui lui était faite.

L'auteur eut une prime en plus du prix convenu, et on lui demanda un second roman.

Puis vint la *Petite République française*, qui publia également une de ses œuvres; mais l'administration du *Petit Journal*, qui cherchait un successeur à M. Gaboriau, s'attacha par traité M. Richebourg.

L'auteur de la *Dame voilée* est républicain, ce qui ne l'a point empêché de publier des feuilletons au journal bonapartiste le *Pays*; il est admirateur des *immortels principes*, et un jour chez Dentu, dans une discussion politique, il s'écria que sans les hommes de quatre-vingt-treize, Montaigne, Pascal, Boileau, Corneille, Molière, etc., n'auraient jamais pu développer leur génie.

C'est peut-être accorder une influence trop grande à la Convention, mais enfin un romancier a droit à certaines licences.

On raconte que M. Richebourg, à qui un confrère parlait de son succès si brusque, répondit : « Dans notre profession, on ne devient célèbre que très-tard. »

On peut sourire de cette réponse, mais somme toute, M. Richebourg est célèbre, et sa célébrité est de meilleur aloi que celle de feu Timothée Trimm : on doit constater en faveur de son caractère qu'il n'a pas un ennemi. Tous les ans, le romancier va passer une partie de la belle saison près de Bologne, dans le département de la Haute-Marne, où il est né et où il possède une maison et un jardin.

M. Gustave Aymard emplit ses romans des hauts faits des Peaux-Rouges, des Iroquois, etc., en un mot de toutes les tribus aborigènes qui habitent le Nouveau-Monde, de la Terre de Feu à la baie d'Hudson. De mauvais plaisants ont prétendu qu'il n'avait jamais mis le pied en Amérique, et qu'il n'était même jamais sorti de France. Les gens de lettres aiment à mettre en circulation des récits plus ou moins vrais sur l'un ou sur l'autre:

pour M. Aymard, on se trompe, il a voyagé, non pas dans toutes les parties du Nouveau-Monde, mais enfin il y a débarqué. Il a fait de ce continent son domaine et ses romans ont tous des titres qui font comprendre immédiatement où l'action a lieu. La bibliothèque de l'auteur de la *Forêt Vierge* est peut-être unique au point de vue des livres sur le nouveau continent. On voit sur les rayons de nombreux volumes de tout format sur les États de l'Amérique. Voyages, histoire, romans, M. Aymard a réuni à peu près tout ce qui a été publié sur le continent américain depuis sa découverte.

Les récits mouvementés de M. Aymard intéressent, et cet écrivain a un public qui achète tous ses livres. Combien de ses détracteurs en pourraient dire autant. On lui reproche une chose, c'est de faire durer trop longtemps ses entretiens avec M. Dentu.

M. Paul Mahalin est un romancier à émotions et un *échotier* spirituel. Il a signé longtemps les échos de l'*Éclipse* du pseudonyme : Émile Blondet, un des personnages de Balzac.

M. Georges d'Heilly a écrit que l'auteur des *Mémoires de Thérésa* n'est autre que M. Mahalin, c'est une erreur. Ce petit ouvrage, qui a rapporté plus d'argent que bien des livres sérieux, a eu pour auteurs MM. Ernest Blum et Albert Wolf. *Ces petites dames de théâtre* sont l'œuvre de M. Mahalin. Le volume fut saisi, non pour les détails qu'il renfermait, mais parce que l'imprimeur avait négligé de faire le dépôt des photographies de quelques cabotines qui ornaient le texte. Pendant la guerre, l'auteur de ces *Petites Dames* fit partie des francs-tireurs des Ternes. Il a, dans un récit très-intéressant, sous le titre de *Montretout*, écrit l'histoire de ces francs-tireurs. En sa qualité de lorrain, M. Mahalin était de la compagnie dite de la *Branche de houx*, parce qu'une branche de cet arbuste ornait le chapeau tyrolien des volontaires.

M. Aurélien Scholl fait quelques apparitions à la librairie Dentu. Pendant un certain temps, dans ses chroniques de l'*Événement*, il s'est acharné après M. Léopold Stapleaux, un belge qui est venu publier ses romans à Paris.

M. Édouard Fournier, un érudit qui connaît à fond le vieux Paris, a publié chez Dentu ses principaux ouvrages ; M. Albéric Second, que sa taille élevée et ses moustaches font ressembler à un officier de cuirassier ; M. Xavier Aubryet, esprit fin et distingué, se montrent quelquefois dans le magasin de livres de la galerie d'Orléans, mais ils causent peu.

Littérateur et homme politique, M. L. Léouzon Le Duc a été chargé de différentes missions dans les États du Nord et a publié sur la Finlande, les iles de la mer Baltique des ouvrages fort intéressants. Son volume sur les *Cours et les chancelleries* est très-curieux ; les études qu'il renferme sur les diplomates les plus en vue sont consciencieusement faites, mais il nous paraît avoir été trop partial pour M. le duc Decazes.

L'auteur de la *Vie en Casque*, M. Ernest Billaudel, a toujours l'air triste ; il cause peu, se plaint des journaux qui ne mettent pas assez de colonnes de ses feuilletons et paient trop peu. Il serait pourtant si facile de ne point faire de romans quand on trouve dure la profession de romancier. Quel que soit le talent de M. Billaudel, le public, s'il cessait d'écrire, ne s'apercevrait pas de sa disparition.

Quand on s'est lancé tête baissée dans la littérature, il faut souvent faire à mauvaise fortune beau visage et ne point gémir sur la dureté du temps. M. Billaudel a été officier de lanciers.

M. Alphonse Delaunay est aussi un ancien militaire, capitaine de cuirassiers, décoré, retraité. Il écrit des romans fort intéressants. Doux, bienveillant, excellent confrère, ce rude soldat ne s'est fait que des amis dans ce monde si pointilleux où il est entré assez tard.

Tout à la fois romancier et voyageur de la maison Christophle, M. Charles Deslys écrit des romans d'une irréprochable moralité; aussi est-il très-reproduit par les journaux des départements qui n'oseraient pas servir à leurs lecteurs la prose épicée de M. de Montépin.

Un des anciens fournisseurs du *Pays*, M. Armand Lapointe est reproduit par les journaux de province qui prennent surtout ses nouvelles et ses courts romans. Il est ou se prétend républicain, ce qui n'ajoute rien au talent. Le rez-de-chaussée d'un journal ultra-bonapartiste peut, pour certains romanciers, ne pas avoir d'importance au point de vue politique et M. Lapointe qui n'aurait pas voulu signer dans le corps de la feuille impérialiste trouvait tout naturel de mettre son nom à la fin du roman.

Dans les journaux républicains on est moins tolérant et on a raison. Un jour M. Lapointe ayant porté un roman à la *République Française*, fut fort surpris quelques semaines après, allant s'informer à quelle date passerait son travail de s'entendre dire qu'il ne serait point imprimé, et qu'on ne l'avait même pas lu. Un feuilletonniste du *Pays* ne pouvait signer une œuvre d'imagination dans le journal de M. Gambetta.

L'auteur reprit son manuscrit, le retoucha, — car il avait été écrit spécialement pour la *République Française* — et le porta au *Pays* où il fut inséré. Mais M. Lapointe avait oublié quelques phrases, et dans l'une Napoléon III était insulté. Le correcteur s'aperçut de l'erreur et enleva la phrase compromettante. Un instant d'oubli dans un moment pressé et le journal de M. Paul de Cassagnac imprimait une violente attaque contre l'empereur.

Un autre écrivain, M. J. Denizet, qui déteste l'empire a écrit au *Peuple Français* de M. Duvernois et fourni des feuilletons au *Pays*. La caisse des journaux bonapartistes lui semblait bonne à fréquenter. Un jour il chercha à démontrer dans une petite feuille radicale que M. Paul de Cassagnac se nommait tout simplement Granier tout court. C'était, sans raison, essayer de mordre la main qui l'avait aidé à vivre. Ce manque de tact faillit lui valoir une solide correction manuelle de la part du rédacteur en chef du *Pays*.

Un jour un individu à la parole vive, au geste prompt, entra dans le magasin de Dentu. M. Sauvaitre était absent. S'adressant à un des commis, le visiteur s'écria qu'on venait de publier la biographie des députés et que lui, M. Arthur Picard, y était diffamé, parce qu'on disait qu'il avait été fonctionnaire de l'Empire.

— Si c'est vrai, pourtant? fit observer le commis.

— C'est vrai, mais je ne veux pas qu'on en parle, cela me compromet.

Naturellement on ne changea rien à l'édition et M. Arthur Picard, malgré son aplomb, ne put faire disparaitre le passage qui l'avait offusqué. Disons que c'est l'empire qui s'était débarrassé d'un fonctionnaire compromettant. En 1867 il fut expulsé de la Bourse, et après l'échec de la restauration monarchique en 1873, il eut avec son agent de change un procès scandaleux. Ce républicain avait spéculé sur le retour du comte de Chambord, et ses lettres à l'agent de change complètent les détails fournis par le commissaire de police de la Bourse en 1867, sur sa valeur morale. C'est un homme dont un parti devrait se débarrasser.

Le secrétaire de la rédaction du *Constitutionnel*, M. Amédée Matagrin, fréquentait la librairie Dentu. C'était un garçon d'un caractère très-gai, et incapable de faire de la peine à n'importe qui. Il lui est arrivé dans le cours de son existence deux aventures assez bizarres.

Un soir vers minuit, après avoir dîné avec des amis, il rentrait à son domicile rue Gay-Lussac. Dans la maison qu'il habitait, du premier au quatrième, la distribution des appartements était la même. Après avoir monté pendant un certain temps, il s'arrêta devant une porte, tâta et sentit une clef sous sa main. Il ouvrit, pénétra dans l'appartement, sans juger à propos d'allumer une bougie, entra dans la chambre à coucher, se déshabilla et se glissa sous la couverture. Au même moment des cris épouvantables se firent entendre et un corps humain se dressa comme un ressort.

Épouvanté par ces cris, le journaliste comprit immédiatement qu'il était dans l'appartement au-dessous du sien. Il s'était insinué dans la couche d'une vieille femme de plus de quatre-vingts ans

16.

qui, ne comprenant rien à cette familiarité déplacée, avait poussé des clameurs lamentables. M. Matagrin prit ses vêtements pendant que la vénérable dame criait, se sauva, gagna sa porte, l'ouvrit et la referma sans bruit et attendit les résultats de son équipée involontaire.

Le portier attiré par les cris de sa locataire arriva, plusieurs personnes accoururent ; la pauvre femme eut beau soutenir qu'un homme était venu, on ne voulut pas la croire et le lendemain on racontait l'histoire à M. Matagrin qui disait que la vieille mademoiselle X... avait un coup de marteau. Il ne raconta le fait que longtemps après.

Quand on entend des cris dans la librairie Dentu, on peut être certain que M. Charles Joliet est là. Il se démène, va et vient, place un mot d'un côté, une phrase de l'autre et tutoie presque tout le monde. Parmi ses nombreux romans, le plus intéressant à notre avis est le *Roman de deux jeunes mariés*. M. Joliet a été employé au ministère des finances et a donné sa démission pour se consacrer à la littérature.

Vif, la figure pareille à une écumoire, prisant fort les parfums, M. Jules Lermina s'est beaucoup remué, a beaucoup écrit; il a fait des conférences, des articles de journaux et des volumes, et, malgré tout, il est à peine connu.

Il se dit républicain, et croit sans doute l'être; mais ses feuilletons et ses articles ont paru presque tous dans des feuilles conservatrices. Le *Gaulois* l'a eu longtemps parmi ses collaborateurs, puis après le *Gaulois*, un autre journal bonapartiste, l'*Éclair*. Aussi, malgré ses efforts, ne jouit-il d'aucune influence dans le parti; les fidèles ne comprennent pas bien qu'on puisse, durant des années, fournir des feuilletons et des articles à un organe monarchiste et rester républicain avancé. Ces finesses échappent à la masse qui ne comprend qu'une chose; c'est qu'on passe à la caisse.

Il est vrai que lorsqu'il écrivait au *Gaulois*, M. Lermina envoyait à une petite feuille rouge du Morvan des articles où la République était portée aux nues et que cette prose ne lui était point payée; mais cela n'est pas une excuse.

Le nom de M. Lermina n'a été un peu connu que vers la fin de l'empire. Il s'avisa de mettre l'empereur en accusation. Cette fantaisie n'a aucun rapport avec la littérature.

Beaucoup des romans de M. Lermina, publiés

en feuilletons, ont été signés des pseudonyme des William Cobb et Henry Marsey.

Le directeur du *Monde artiste*, M. Gourdon de Genouilhac, publie chez Dentu ses romans. Il est l'auteur d'un dictionnaire héraldique fort estimé. Il se promène toujours calme et sérieux à travers ses bruyants confrères qui causent haut et rient.

L'organe de M. Élie Berthet n'a que des rapports éloignés avec celui de M. de Genouilhac. Sa voix se distingue nette et claire au milieu des conversations les plus bruyantes.

M. Berthet est un écrivain qui a beaucoup produit; si ses romans ne sont pas tous intéressants au même degré, quelques-uns sont très-remarquables, et plus de trente ans ne les ont point fait oublier. Les générations qui se sont succédé ont lu les œuvres de M. Berthet. Au *Siècle*, au *Constitutionnel*, au *Moniteur*, à la *Petite presse*, à la *Revue de France*, et dans beaucoup d'autres publications, d'innombrables lecteurs ont pu apprécier le talent varié de M. Élie Berthet. Cet écrivain a été un des fondateurs de la Société des gens de lettres.

* *

Les femmes de lettres se mêlent chez Dentu, aux littérateurs ; on se presse autour des plus jolies, on écoute celles qui, ayant dépassé l'âge où l'on ne reçoit plus de compliments sur sa beauté, ont de l'esprit.

Madame Louise Collet, alors sur son déclin, mais ayant conservé de beaux restes de jeunesse, a attiré pendant longtemps les regards des provinciaux qui entraient pour acheter des livres. Mais avec les années, les charmes disparurent, les cheveux blanchirent, il ne resta qu'une femme vieille et prétentieuse à laquelle personne ne fit plus attention. Jusqu'à la fin de sa vie elle se fit adresser ses lettres et ses journaux à la librairie Dentu.

Aimant les voyages, madame Olympe Audouard s'éclipse pendant quelques mois, les habitués se demandent vers quelle contrée elle a dirigé ses pas, puis elle reparaît vive, gracieuse, souriante et raconte avec un accent marseillais tout plein de charme, qu'elle arrive soit du Liban, d'Égypte, du désert de Lybie, de Constantinople, d'Amérique ou de Russie. Elle a publié ses relations de voyages qui sont fort intéressantes. Actuellement elle s'occupe de spiritisme et a expliqué la doctrine spirite à M. du Boisgobey qui n'a jamais mordu aux tables tournantes. L'auteur du *Chevalier Casse-Cou* a la *comprenette* dure quand il s'agit des esprits frappeurs.

Madame Prosper Vialon fait de courtes apparitions chez Dentu. Son mari, après avoir mené la vie d'un grand seigneur, ne tarda pas à trouver la fin d'une fortune assez importante et il mourut quelque temps après avoir disparu de la scène du monde. Sa veuve se mit au travail et écrivit des romans et des nouvelles. Elle signe du pseudonyme de J.-J. des Martels.

Petite, maigre, vive, madame Badère (de Vendôme) va de l'un à l'autre, cause de ses livres, et aussitôt qu'on lui a signalé un journaliste, elle lui parle et ne le quitte que lorsqu'elle en a obtenu la promesse d'une réclame. Un jour elle dit à quelqu'un qui lui refusait de faire passer une note dans le journal où il écrivait, sous le prétexte que le volume n'était pas intéressant :

— Ah! si j'étais jolie, ce ne serait pas moi qui solliciterais, c'est vous, au contraire, qui me demanderiez mes ouvrages pour en parler!

Un bas-bleu, qui eut un grand nombre d'adorateurs, fait aujourd'hui la triste expérience de la justesse d'esprit de madame Badère. Elle plaçait ses romans dans tous les journaux, on acceptait sa prose sans la lire, l'auteur était si gracieuse et avait de si beaux yeux; comme la cigale elle chanta, et quand la bise, c'est-à-dire les rides et les cheveux blancs, fut venue, on s'avisa de trouver que ce qu'elle écrivait n'avait aucune valeur. On lui refusa son travail, poliment d'abord, elle s'entêta, se fâcha, et finalement les garçons de bureau reçurent l'ordre de l'empêcher de pénétrer dans les bureaux de rédaction. Elle arrive pourtant encore quelquefois à se glisser par une porte entrebâillée et finit, à force d'instance, par faire accepter une nouvelle.

Habile à *tirer deux moutures du même sac*, comme disent les habitants de la campagne, notre femme de lettres s'arrange avec des industriels amateurs de publicité et quelques scènes du roman se passent toujours dans une boutique quelconque. Le tour est joué, la rusée commère va chez le marchand et reçoit le prix de sa réclame en marchandises, ce qui ne l'empêche pas de passer à la caisse du journal toucher le montant de ses lignes.

M. Adolphe Belot a eu des discussions assez vives avec madame Badère qui trouve que *mademoiselle Giraud ma Femme* n'est pas précisément tout ce qu'il y a de plus moral, l'auteur de son côté soutient qu'on cherche dans son roman ce qui n'y est point.

Le nom de René de Camors est un pseudonyme; l'écrivain qui l'a pris est une femme, madame de Voisins.

N'oublions pas le nom du secrétaire de M. Dentu, Jules Troubat, ancien secrétaire de Sainte-Beuve. C'est le radical le plus doux qu'on puisse rencontrer. Auteur d'un volume, *Plume et Pinceau*, fort curieux.

LIV

CHARPENTIER.

Le directeur actuel de la librairie est le deuxième du nom. M. Charpentier père, le fondateur de la maison, après avoir été commis libraire, avoir exploité un cabinet de lecture, acheta la maison de détail du célèbre Ladvocat, située au Palais-Royal, puis il se fit éditeur. D'un caractère absolu et taillé pour la lutte, il combattit les contrefacteurs étrangers et arriva à les chasser du marché français. Les volumes in-8 renfermaient peu de choses et coûtaient fort cher, relativement. M. Charpentier trouva le volume in-12 aujourd'hui adopté par tous les éditeurs. Le nom de Charpentier est resté à ce format. Le premier ouvrage qui parut fut la *Physiologie du goût,* de Brillat-Savarin, le 6 août 1838. La contrefaçon belge était vaincue. Les volumes se succédèrent rapidement, tous les écrivains célèbres eurent leurs œuvres dans la bibliothèque Charpentier. Historiens, romanciers, hommes politiques formèrent bientôt une collection et firent à l'habile éditeur une réputation qui devait lui survivre. Classiques grecs, latins, français, écrivains célèbres étrangers prirent place à côté des auteurs français.

M. Charpentier édita Balzac. Disons qu'en 1852 l'illustre auteur de la *Comédie humaine* faisait perdre de l'argent à son éditeur. Ses livres se vendaient, mais il avait une façon de corriger qui doublait ou triplait le prix du volume.

M. Alfred de Musset, publié par M. Charpentier eut un succès immense. Les éditions de tous formats se succédaient rapidement et étaient enlevées aussitôt. Le *Magasin de librairie*, qui devint plus tard la *Revue Nationale*, fut fondé en 1858 par M. Charpentier et ne vécut que quelques années. Il y écrivait des articles qu'il signait Georges Bernard. En 1871 il mourait après une vie consacrée au travail. Son fils, M. Georges Charpentier lui succéda et continua la tradition.

II

Aux anciens auteurs, M. Georges Charpentier ajouta des écrivains de la génération actuelle. Les œuvres des poètes comme Théodore de Banville, André Lemoyne, Henri Cantel, Ernest d'Hervilly, Armand Silvestre, Maurice Bouchor, Valéry Vernier enrichirent la collection ; puis des histoires des littératures étrangères par MM. Amédée Raux, Courrière, Gustave Hubbart, etc.

Le roman ne fut point délaissé. C'est M. Charpentier qui publie les œuvres de M. Émile Zola. Le succès de la série des Rougon-Macquart se maintient, l'*Assommoir* en est à sa cinquantième édition. Le tapage qui s'est fait à propos de ce livre n'est point encore calmé. M. Zola n'a pas toute la valeur qu'il se suppose, mais somme toute, c'est une personnalité littéraire dont on ne peut contester le talent. Il a essayé du théâtre et n'a point réussi. Il prétend que ses pièces sont palpitantes d'intérêt et que lui-même s'amuse énormément à les voir jouer. Malheureusement les directeurs de théâtre, gens positifs, ne se paient pas de l'admiration d'un auteur pour son œuvre et M. Zola aura beau s'applaudir si le public bâille ou siffle, la pièce disparaîtra de l'affiche.

Dans ses romans M. Zola a quelques belles pages, mais il se répète trop, l'imagination fait défaut. L'*Assommoir* n'est point de lui, les personnages, les scènes principales sont pris dans un volume, assez mal écrit du reste, qui a pour auteur un ouvrier devenu patron. C'est le journal le *Télégraphe* qui a découvert la supercherie. Toutes ces criailleries eussent pu être évitées si M. Émile Zola avait, en quelques lignes d'introduction, parlé de l'ouvrage où il avait puisé l'idée de l'*Assommoir*.

Le goût des éditions coquettes ayant pris de l'extension, la petite bibliothèque Charpentier a été fondée. Cette collection renferme déjà un certain nombre de volumes signés Alfred de Musset, Théophile Gautier, etc.

La librairie Charpentier était autrefois installée quai de l'École en face de la Samaritaine. Elle a té transportée rue de Grenelle-Saint-Germain où elle occupe le rez-de-chaussée d'un magnifique hôtel. Le cabinet de M. Georges Charpentier a une entrée sur un beau jardin planté de grands arbres. Dans ce cabinet, tout dénote l'artiste et l'homme de goût : les siéges, la table de travail, les presse-papier. M. Georges Charpentier, comme son père, s'est occupé de littérature, mais actuellement il s'occupe surtout des littérateurs.

LES LIBRAIRIES RÉPUBLICAINES

LV

LACROIX ET WERBOECKHOWEN.

Sous l'Empire, au coin du boulevard Montmartre et de la rue Vivienne, existait une librairie où se réunissaient beaucoup d'écrivains. Là on causait politique et le gouvernement de Napoléon III y trouvait peu de défenseurs. Les chefs de cet établissement étaient belges ; en peu de mois ils avaient conquis une grande notoriété ; on ne parlait plus que de la librairie Lacroix et Werboeckhoven. Cette célébrité si rapidement conquise était méritée. Ils avaient fait traduire en français les œuvres des grands écrivains de l'Allemagne, de l'Angleterre et des États-Unis ; les noms de Herder, de Gervinus, de Grote, de Prescott et de beaucoup d'autres brillèrent à l'étalage du magasin. Mais à côté de ces beaux ouvrages figuraient des volumes dus à des littérateurs français, et consacrés à la réhabilitation de Robespierre, de Marat, de Danton, en un mot de tous les terroristes. M. Ernest Hamel y publia trois gros volumes en l'honneur de Robespierre ; M. Georges Avenel, M. le docteur Robinet eurent aussi leurs favoris, et Carrier trouvait chez MM. Lacroix et Werboeckhoven des défenseurs enragés.

C'est la librairie Lacroix qui édita les œuvres de M. Victor Hugo alors en exil : les *Misérables*, *William Shakespeare*, les *Travailleurs de la mer*. Les journaux du temps s'égayèrent des exigences financières du grand poète, et lorsque la librairie croula, on accusa M. Hugo d'être la cause de cette catastrophe.

M. Ranc était un des habitués de la maison Lacroix ; dans son langage on devinait que si jamais il devenait le maître, ses adversaires auraient à compter avec lui. Il jugeait promptement de la valeur d'un individu ; aussi quitta-t-il vite les hommes de la Commune quand il eut apprécié le peu de surface de ces sinistres fantoches. M. Alphonse Daudet, M. Robert Mitchell, bien que ne partageant point ses opinions politiques, étaient liés avec M. Ranc, dont la conversation avait toujours un grand intérêt. Depuis cette époque, où toutes les idées étaient discutées librement à la librairie Lacroix, les situations ont bien changé pour certaines personnes. M. Ranc n'est plus en France, M. Robert Mitchell, alors rédacteur en chef du *Constitutionnel,* est devenu député de la Gironde, M. Daudet s'est fait une grande célébrité dans les lettres.

M. Mitchell jouit d'une réputation méritée d'homme d'esprit. Quand il se porta comme candidat conservateur dans l'arrondissement de La Réole où il était parfaitement inconnu, il eut à lutter contre le député sortant, républicain avancé, riche, né dans la contrée où il exerçait une grande influence. Toutes les chances étaient donc en faveur de ce dernier et ses partisans riaient d'avance de la défaite que se préparait son audacieux concurrent.

L'écrivain se rendit à La Réole, parcourut les

villages, suivit l'ex-député républicain, assista aux réunions électorales et en quelques jours ruina à force d'esprit le crédit de son adversaire, qui fut battu.

Un admirateur convaincu et passionné de M. Victor Hugo était M. Guérin, le principal employé de la maison Lacroix ; patient pour tout le monde, il s'emportait quand il entendait la moindre critique des idées politiques de l'auteur des *Orientales*.

M. Albert Lacroix est lui-même un écrivain de talent en même temps qu'un éditeur hardi et entreprenant. Il a rétabli sa librairie, rue du Faubourg-Montmartre, mais l'animation d'autrefois a disparu.

LE CHEVALIER.

M. Armand Le Chevalier avait été un des fondateurs de l'*Illustration*, avec M. Paulin, puis ce journal étant passé en d'autres mains, M. Le Chevalier avait ouvert un magasin de librairie, rue de Richelieu. Son établissement végétait, lorsque M. Eugène Ténot y publia ses deux ouvrages : *Paris en Décembre* 1851 et la *Province en Décembre* 1851 qui obtinrent un succès éclatant. Mis en goût par une réussite sur laquelle il ne comptait guère, l'éditeur se résolut à imprimer une multitude de procès politiques. Naturellement, dans ces procès, la monarchie avait toujours un rôle odieux. MM. Ranc, Albert Fermé, Paschal Grousset et beaucoup d'autres publièrent le procès du duc d'Enghien, de Babœuf, etc. M. Louis Ulbach, en fondant la *Cloche*, petit pamphlet hebdomadaire, dans le genre de la *Lanterne* de Rochefort, installa ses bureaux chez M. Le Chevalier. Tous les jeunes écrivains radicaux se donnaient rendez-vous à la librairie d'où sortaient tant de livres contre l'Empire.

Mais après la guerre de 1870-71, la chance tourna. M. Le Chevalier mourut, et un de ses fils lui succéda. Le jeune éditeur eut beau se remuer, les républicains l'abandonnèrent, malgré un article que fit en sa faveur M. Sarcey, dans le *XIXe Siècle*. La boutique dut fermer et M. Lucien Le Chevalier disparut du monde de la librairie. Cette disparition ne fit pas du reste grand bruit dans Paris.

Le second fils de M. Armand Le Chevalier est avocat, il a plaidé dans quelques procès politiques, puis il est allé à Constantinople, d'où il a adressé pendant la guerre turco-russe des correspondances au *Journal des Débats*.

VICTOR POUPIN.

La manie de faire parler de soi, de mettre en avant sa personnalité, jette bien des individus hors de la voie qui aurait pu les conduire à la notoriété, ou même à la célébrité. Il faut, quand on s'est marqué un but dans sa vie, éviter pour l'atteindre l'emploi des moyens mesquins, surtout si l'on a dès le début, la fortune qui donne l'indépendance, l'instruction, l'éducation et de plus des relations brillantes.

M. Victor Poupin, qui est devenu le propagateur des brochures radicales, qui lance dans la circulation des petits livres, des feuilles volantes, où l'on excite à la haine des riches, des prêtres, des magistrats et de l'armée, n'a pas toujours été un républicain avancé.

Vers 1861, il était avocat, et jeune alors, il publia un roman qui n'était pas sans valeur. Ce premier ouvrage d'imagination fut suivi de deux ou trois autres volumes. Puis M. Poupin entra à la direction des théâtres, à la tête de laquelle se trouvait placé M. Camille Doucet.

Quoique fonctionnaire de l'Empire, il patronna dès 1869, la publication de petits volumes tels que les *Paysans* d'Esquiros, *Napoléon* de Louis Blanc, etc. Seulement, son nom ne paraissait pas comme éditeur, et quand il donnait à un journaliste conservateur un des ouvrages qu'il éditait, il recommandait de ne point prononcer son nom à cause de sa situation au ministère.

Après la chute de l'Empire, n'ayant plus rien à ménager, M. Poupin afficha ses opinions républicaines. Sous la Commune, l'auteur de ce récit l'ayant rencontré sous les arcades de la rue de Rivoli, près de la place des Pyramides, lui parla en termes vifs des communards. L'ex-employé de l'Empire se fâcha tout rouge, accabla d'éloges

Raoul Rigault et ses amis, dit que MM. Thiers, Simon, Favre et les autres *Versailleux* étaient des bandits et que jamais ils ne s'empareraient de Paris. Mais toujours prudent, M. Poupin attendait, avant de se montrer, que la Commune eût réussi. Cette satisfaction lui fut refusée.

Il s'installa place des Victoires et édita les petites publications radicales dont nous avons parlé. Jeune, riche, ayant un certain talent, M. Poupin n'est pas arrivé à occuper une place quelconque dans le monde politique ou littéraire. Ses finasseries n'ont pas abouti, il est plus inconnu en 1879 qu'après son premier début dans la littérature.

LVI

LEMERRE.

I

Vers 1866, l'attention du public fut attirée, par de nombreux articles de journaux, du côté du passage Choiseul. Les habitués d'une petite boutique située vers le milieu de cette galerie vitrée causaient tout ce tapage des différents organes de publicité. Le propriétaire de cette boutique était libraire, son nom n'avait point franchi jusqu'alors les extrémités du passage, il vendait des livres vieux et neufs, et personne ne se doutait alors que quelques années plus tard, ce modeste marchand deviendrait un éditeur en renom.

Son magasin du rez-de-chaussée communiquait avec l'entresol par un petit escalier en spirale. Quelquefois les passants, arrêtés devant l'étalage entendaient des cris s'échapper de l'ouverture du plafond où s'accrochait le montant de l'escalier. Ils regardaient surpris, ce trou noir et écoutaient.

Des cris, des vociférations, des éclats de rire, des murmures, des phrases entrecoupées, arrivaient à leurs oreilles. De mauvais plaisants voulurent faire du libraire un dompteur élevant des animaux féroces en chambre, et montrant sa ménagerie à quelques clients favorisés. Après des séances qui duraient généralement plusieurs heures, on voyait une paire de pieds se poser sur la marche supérieure de l'escalier, puis des jambes supportant un torse surmonté d'une tête aux longs cheveux. C'était une procession, un défilé, le bois craquait sous les grappes humaines dont il était surchargé.

Tout ce monde causait et riait ; cependant quelques figures étaient convulsées, et l'on pouvait supposer qu'un spectacle émouvant avait été donné à l'entresol. Mais quel était ce spectacle ?

question terrible que se posaient les curieux et que personne ne pouvait résoudre.

Enfin, les journaux donnèrent le mot de l'énigme. Le libraire n'élevait pas des bêtes féroces, on ne se livrait pas en son entresol à des exercices de spiritisme ; les hommes aux longs cheveux qui disparaissaient par l'ouverture du plafond étaient tout simplement des poètes ayant trouvé un éditeur. Leurs vers s'imprimaient, allaient être réunis en un gros volume qui avait pour titre : *le Parnasse contemporain*.

Cet ouvrage parut d'abord par livraisons. Inutile de dire que le public laissa ces feuilles imprimées aux étalages ; mais si le *Parnasse* ne fut pas un succès de vente, il eut, en revanche, un retentissement énorme, grâce aux journaux qui, petits et grands, s'égayèrent aux dépens des *Parnassiens*.

Les poètes, auteurs du *Parnasse*, étaient alors tous ou presque tous inconnus. M. Théodore de Banville, seul, était lu et apprécié par un groupe restreint de lettrés; M. Catulle Mendès avait fondé une petite revue, la *Revue fantaisiste*, supprimée à la suite d'un procès. Une pièce de vers trop leste avait amené la catastrophe. M. Mendès était l'auteur d'un volume de vers, *Philoméla*. Ce jeune poète, grand amateur du bruit qui pouvait se faire autour de son nom, cherchait la réclame ; il était à la tête d'un groupe de versificateurs qui ne juraient que par lui. Tous se prenaient au sérieux et croyaient sincèrement que leurs poèmes étaient des œuvres sublimes et que Paris se passionnait quand paraissaient aux étalages des libraires quelques-unes de leurs productions.

L'éditeur des *Parnassiens* commença alors la *Pléiade*, et de véritables lettrés travaillèrent à ces volumes qui fondèrent la réputation de M. Lemerre. M. Marty-Laveau dirigea cette publication et rédigea les notices des différents volumes.

II

La guerre arrêta ces travaux de luxe, et pendant le siége les poètes écrivirent des chants patriotiques. Après la Commune, lorsque la France commença à respirer, les beaux ouvrages reparurent, Montaigne, Rabelais, Agrippa d'Aubigné, Molière, Racine, etc., furent magnifiquement imprimés. La collection s'enrichit d'un grand nombre de volumes, et dans cette charmante bibliothèque figureront, à côté des grands écrivains des dix-septième et dix-huitième siècles, les littérateurs les plus célèbres du dix-neuvième siècle. M. Victor Hugo; MM. Edmond et Jules de Goncourt ; M. Barbey d'Aurévilly ; M. François Coppée; Léon Gozlan ; M. Gustave Flaubert ; Sainte-Beuve; M. Théodore de Banville, etc.

Lorsque la librairie fut momentanément transportée dans une boutique dépendant du théâtre Italien, les poètes suivirent leur éditeur dans ce local où se mêlaient souvent les bruits des instruments des musiciens et les voix des Parnassiens. Ces derniers franchirent une seconde fois la rue qui sépare le théâtre des Italiens des maisons du passage où la librairie fut réinstallée. Au rez-de-chaussée, entre la galerie et la rue, sont trois pièces, la première, la plus grande, est pour la vente au détail, dans la seconde se font les expéditions, et la troisième, la plus petite, sert de bureau à un employé qui relit les épreuves. Au premier étage est le bureau de M. Lemerre, orné de deux délicieuses petites toiles de Nazon. C'est là que se réunissent les familiers de la maison.

Malgré les efforts les plus énergiques, M. Percepied, chargé de la vente au détail, n'arrive pas toujours à éloigner les causeurs de la pièce qu'il occupe. Ils entourent son bureau, s'asseoient sur les comptoirs, causent et rient sans s'occuper si leur présence n'effarouche pas le client. Dans le cabinet voisin, c'est le correcteur qu'on gêne, ou ce sont les commis chargés des expéditions qui ne peuvent faire leurs ballots ou servir les employés des commissionnaires.

Il faut pourtant se décider à monter au premier et, si l'on est nombreux, ce qui arrive souvent, on s'entasse autour du bureau de M. Lemerre, et dans les pièces voisines, où est un employé, M. Léon Dewez, qui lit le *XIXe Siècle* tout en faisant des factures et en écrivant des lettres. Tout le monde a le droit de lire le *XIXe Siècle*, mais quelques-uns des admirateurs de MM. Sarcey et About ont la déplorable manie de vouloir faire partager leur admiration à leurs amis. M. Dewez est de ces hommes, à part cela c'est un excellent garçon, gai et obligeant. Il a été associé dans une maison importante de librairie de la rive gauche ; son collègue, M. Percepied, a exercé la profession de photographe.

III

La réputation de M. Lemerre, si rapidement conquise, lui a attiré naturellement de nombreux ennemis, surtout dans le monde des poëtes. Beaucoup de ces versificateurs prétendent que c'est en publiant leurs œuvres qu'il s'est enrichi. Sauf de très-rares exceptions, les vers ne se vendent pas. Les poëtes, nous l'avons dit, attirèrent l'attention du public sur la librairie du passage Choiseul ; mais les véritables auteurs de la fortune de M. Lemerre sont Racine, Molière, Boileau et quelques autres poètes dont le talent n'a aucun rapport avec celui de leurs confrères de la fin du dix-neuvième siècle.

Cette apparition des Parnassiens qui avait effarouché et étonné un certain public, n'était pas sans précédent. Six ou sept années avant que M. Lemerre eût ouvert ses portes aux poètes plus ou moins excentriques, un autre libraire s'était risqué à publier leurs ouvrages. M. Poulet-Malassis, doué sans doute d'une confiance sans borne, avait fait imprimer des vers de M. Leconte de l'Isle et de quelques autres fabricants de rimes. L'essai était honorable, mais il ne réussit point, les volumes restèrent en magasin et les versificateurs ne trouvaient point de lecteurs. Il faut dire, du reste, qu'à cette époque, M. Poulet-Malassis ayant eu l'idée des impressions sur papier de Hollande ou de Chine, les exemplaires tirés lui restèrent pour compte.

Ce premier éditeur des poètes inconnus ne réussit donc point dans son entreprise; il dût fermer son magasin de la rue Richelieu et partir pour Bruxelles où il publia des ouvrages dont l'entrée en France fut interdite. La cause de cette interdiction n'avait rien de politique, c'était simplement la morale qui se trouvait traitée d'une façon trop leste dans ces livres.

Quelques-uns des volumes édités à Paris par M. Poulet-Malassis sont fort recherchés, nous citerons entr'autres, les *Oubliés et les Dédaignés* de M. Charles Monselet.

IV

Après ces détails sur la librairie Lemerre, voyons son public.

M. Leconte de Lisle né à l'île Bourbon. Son talent poétique ayant attiré sur lui l'attention de ses compatriotes, le conseil général lui vota une pension. A Paris, le jeune poète n'eut qu'un succès médiocre, et pendant que ses amis arrivaient à la célébrité, il restait dans l'ombre.

Lié avec le peintre Jobbé-Duval, plus connu depuis quelque temps comme radical que comme artiste, les deux amis réunirent leurs efforts pour trouver une idée ; nous ne savons combien il leur fallut de temps pour arriver à ce résultat ; mais un beau jour parut un volume : le *Chemin de la Croix*, dont les vers étaient de M. Leconte de Lisle et les illustrations de M. Jobbé-Duval. Une lettre de Mgr Donnet, aujourd'hui cardinal-archevêque de Bordeaux, servait de préface à cette publication.

Le peintre fit des tableaux pour les églises et gagna de l'argent, le poète écrivit des vers qui né se vendirent pas. Il sollicita un secours de l'Empereur Napoléon III, qui lui accorda trois cents francs par mois sur sa cassette. Plus tard, grâce à M. Auguste Vitu, il obtint du ministère de l'instruction publique une seconde pension mensuelle de cent francs.

M. Lemerre, qui ignorait comme tout le monde que M. Leconte de Lisle était pensionné par la liste civile, car il posait pour un républicain intègre, avait prié M. Vitu de parler à M. Duruy, et le joli de l'affaire, c'est qu'on mit des formes pour proposer à cet ennemi des rois la pension du ministère. On craignait des éclats d'indignation, un refus bruyant. Heureusement le poëte fut bon prince et daigna accepter.

Jusqu'en 1870, M. Leconte de Lisle jouit d'une autorité très-grande sur les habitués de Lemerre, qui le considéraient comme un type d'énergie et de désintéressement, mangeant son pain sec plutôt que de faire une courbette. Mais, lorsqu'on publia les papiers des Tuileries, on apprit avec stupéfaction que l'Empereur s'était chargé de mettre des confitures sur ce fameux pain. M. Leconte de Lisle est l'auteur du *Catéchisme républicain* et d'une *Petite histoire de l'Église,* ouvrages où sont insultés grossièrement les rois et les prêtres. L'une de ces publications souleva, en 1873, des tempêtes à la Chambre des députés. Heureusement pour M. de Lisle qu'on ne sut pas à ce moment que ce libellé sortait de sa plume, les journaux ne l'auraient pas ménagé.

Il proteste contre la qualification de chef des *Parnassiens*; mais il est, à tort ou à raison, regardé comme le fondateur de ce cénacle de poëtes fantaisistes. M. Coppée a donné, en 1873, sa démission de bibliothécaire du Sénat, à la condition qu'il serait remplacé par M. Leconte de Lisle; M. Jules Simon, alors ministre, accepta la proposition de l'auteur du *Passant*, et M. de Lisle eut la place.

D'un esprit vif et mordant, l'ancien pensionnaire de la cassette impériale et protégé de Mgr Donnet, s'est beaucoup fait d'ennemis, et ses fantaisies politiques et religieuses ont éloigné de lui tout le monde. Pendant plusieurs années, il fut le contempteur acharné de Victor Hugo; il est devenu un de ses familiers. Il a voulu entrer à l'Académie, et n'a eu que la voix de l'auteur d'*Olympio*. A ce propos, il y eut entre le candidat évincé et son protecteur un échange de lettres dont le public s'amusa beaucoup.

M. Ernest Courbet est un lettré qui a rédigé des notices, des notes pour l'édition de Régnier, de Montaigne et de plusieurs autres ouvrages publiés par M. Lemerre. Il a eu pour collaborateur dans quelques-uns de ces travaux, M. Charles Royer.

M. Courbet, n'est point poëte, c'est un des plus anciens habitués de la librairie, il a rédigé une petite feuille littéraire fondée par M. Lemerre. Il est employé à l'Hôtel-de-Ville.

L'auteur des *Sept péchés capitaux*, M. Charles Asselineau, conservait le plus grand calme au milieu des discussions les plus bruyantes. Il avait toujours l'air fatigué et surtout préoccupé. Depuis la Commune sa santé périclitait. Du reste à cette époque douloureuse, il avait été durement éprouvé. Bibliothécaire à la Mazarine, il lutta tant qu'il put contre Benjamin Gastineau, l'agent à qui Raoul Rigault et ses amis avaient confié la bibliothèque. Grâce à son courage et à son sang-froid les livres du palais Mazarin furent sauvés; mais lorsque les troupes de Versailles occupèrent une partie de Paris, les communards se rappelèrent M. Asselineau, et quelques-uns d'entre eux se rendirent à son domicile, rue du Four-Saint-Germain, dans l'intention de le fusiller.

L'écrivain était chez lui; il ne fut pas peu surpris en apprenant de la bouche de ses visiteurs quel motif les amenait. On le fit descendre dans la cour, mais à peine était-il au bas des marches de l'escalier, qu'il s'aperçut que la chemise qu'il portait n'était pas d'une blancheur immaculée. Il demanda à aller changer de linge, ne voulant pas qu'on pût voir son corps étendu sur le pavé avec une chemise de deux jours.

Les communards refusèrent de satisfaire au désir de leur victime, qui mit de son côté beaucoup d'insistance. La discussion dégénérait en dispute, lorsque la concierge accourut, accabla les fédérés de reproches, et comme on se battait à quelques pas, que les soldats de l'ordre approchaient, les gardes nationaux se sauvèrent laissant le bibliothécaire et la concierge dans la cour.

Si Charles Asselineau avait eu ce matin-là une chemise blanche, il était fusillé.

A quoi tient quelquefois la vie d'un homme !

M. Albert Mérat a publié un volume de vers qui fut couronné par l'Académie. Un de ses ouvrages : *Au fil de l'eau*, est, dans quelques parties, très-remarquable. M. Mérat occupe un emploi à l'administration municipale de Paris. Un autre poëte, M. Gabriel Marc est à la Caisse des dépôts et consignations. Auvergnat de naissance et de cœur, M. Gabriel Marc, a envoyé des correspondances littéraires au *Moniteur du Puy-de-Dôme*, et écrit des pièces de vers en l'honneur de l'Auvergne. Un instant il a laissé son pays natal pour Paris et fait paraitre un volume sous le titre de : *Sonnets Parisiens.* Dans ce volume, une seul pièce nous intéresse, ayant un rapport direct avec l'éditeur des Parnassiens : c'est celle intitulée l'*Enfant du Parnasse.* Ce sont des triolets où défilent tous les noms des poëtes habitués du fameux entresol de la librairie Lemerre.

M. Paul Bourget est un tout jeune homme qui a publié un volume de vers pour lequel M. Barbey d'Aurévilly a écrit au *Constitutionnel* un article des plus flatteurs. On accuse M. Bourget, qui a beaucoup d'esprit, d'être l'auteur d'une plaisanterie contre un de ses confrères en poésie. Cette charge en vers est fort courte, mais un peu vive ; elle a pour titre. :

A... ET LE CORNICHON, FABLE.

A... voulut un jour manger un cornichon,
Il se casse une dent, et dit fichu c..... !

MORALITÉ.

Corsaires contre corsaires,
Ne font jamais leurs affaires.

M. Bourget a sur la conscience plusieurs délits

de ce genre ; on comprend qu'il se soit, à ce jeu, attiré beaucoup d'ennemis.

M. Amédée Pigeon a débuté par un volume où l'on remarque de beaux vers : *Deux amours;* M. Frédéric Plessy a publié dans le troisième volume du *Parnasse*, ses premières poésies ; il en est de même de M. Robert de Bonnières.

Ce dernier occupe, rue de Condé, un petit hôtel que Beaumarchais a fait construire. Aux balcons des fenêtres sont entrelacés un A et un C, initiales du célèbre auteur du *Mariage de Figaro*. On voit que, pour un poète, M. de Bonnières n'a pas à se plaindre du sort. Il donne quelquefois dans son hôtel de petites fêtes fort courues des rimeurs. On dit des vers, on cause, M. Coquelin cadet se fait applaudir, et à minuit, Mme Magloire, la concierge, regardé défiler poètes, artistes, soldats, prêtres. Le R. P. Dulong de Rosnay est un des habitués de ces réunions littéraires.

M. Mallarmé fait des vers si étranges qu'on a dû renoncer à sa collaboration au *Parnasse*, M. Catulle Mendès explique dans des conférences fort drôles ce qu'a voulu dire M. Mallarmé.

Albert Glatigny, mort poitrinaire, ayant à peine dépassé trente ans, était tout à la fois poète et comédien. Lemerre a réuni ses œuvres en volume ; il y a quelques jolies pièces. M. Glatigny se trouvant en Corse pour montrer aux insulaires son talent d'artiste, fut pris, par un gendarme, pour Jud, l'assassin de M. Poinsot, et arrêté. Naturellement, il fut mis en liberté après une détention assez longue. Sous le titre de : *Le jour de l'an d'un vagabond*, il a publié l'histoire de son arrestation par un gendarme plus zélé que clairvoyant.

Après avoir été un des hôtes les plus assidus de la librairie Lemerre, M. Catulle Mendès n'y fait plus que de rares apparitions. Il a toujours autour de lui une pléiade d'aspirants poètes qui le considèrent comme un maître.

Fils d'un libraire qui a eu une certaine réputation, M. Anatole France a été élevé au milieu des livres, a pris goût à la littérature et est devenu un poëte distingué et un écrivain de race. Les *Poëmes dorés* et les *Noces Corinthiennes* sont des œuvres remarquables ; dans les *Noces Corinthiennes* surtout il y a des vers superbes. Dans le journal le *Temps*, M. France a publié, sur les frères de Goncourt et Alphonse Daudet, des Études qui donnent une haute idée du sens critique de l'écrivain. Nous citerons pour mémoire les introductions du *Racine* et du *Molière* édités par Lemerre.

Le métier d'homme de lettres ne plaisait que médiocrement à M. France père ; le fils lui a démontré que dans cette profession on pouvait tout à la fois acquérir la réputation et l'argent. Un jour un de ces bohèmes toujours mêlés aux gens de lettres et exploitant sans scrupule le pauvre et le riche, rencontre M. Anatole France chez Lemerre. Ce poëte venait de toucher à un journal la somme fantastique de 84 fr.; il eut l'imprudence de raconter le fait, le bohème se dit que cet argent suffirait pour payer un excellent dîner à deux, il manœuvra en conséquence.

Il connaissait M. France, il lui prit le bras et lui proposa un tour sur le boulevard. Sa proposition fut agréée, on partit et arrivé devant le café du Helder, le bohème offrit à son ami de le conduire dîner à son domicile, M. France accepta. On se promena quelque temps, puis le rusé amateur de dîner se trouvant fatigué en face du café américain, s'assit près d'une table, sa victime l'imita et les deux hommes prirent chacun un apéritif. Ils causaient de choses indifférentes, lorsque tout-à-coup le bohème poussa un cri en tâtant dans ses poches: sa femme était allé chez ses parents où elle devait dîner et il n'avait pas les clefs de son appartement et pas d'argent dans sa poche. L'auteur des *Noces Corinthiennes* offrit d'aller dans un bouillon Duval, l'autre remercia chaleureusement.

Apercevant le patron du café, il se leva alla lui parler et revint auprès de M. France à qui il dit que dîner où ils se trouvaient n'augmenterait pas de beaucoup la dépense, et qu'ils seraient mieux dans un café que dans un bouillon. La victime ne résista point, on se mit à table et peu après, le poëte navré demandait la carte qui s'élevait à la somme de 82 fr.

Le pique assiette déclara avoir parfaitement mangé, se leva, serra la main à M. France et partit en fumant un cigarre. Quant à celui aux dépens duquel il venait de dîner si copieusement, il regagna, la poche vide, son logis, jurant qu'il ne se laisserait plus prendre aux fallacieuses propositions d'un individu dont il connaissait pourtant les habitudes.

M. France est entré à la bibliothèque du Sénat.

L'auteur des *Odes funambulesques*, M. Théodore de Banville n'a pas l'âpreté de discussion de M. Leconte de Lisle. Il rédige le feuilleton théâtral du *National*.

M. Antony Valabrègue est un méridional faisant partie de la société des poëtes la *Cigale*. Il faut pour être membre de cette association, faire des vers et avoir vu le jour dans le Midi. Un radical à tous crins, M. Léon Cladel, écrivain de beaucoup de valeur, sait se mettre bien avec tous ceux qui fréquentent la librairie Lemerre. Il aime la réclame, et une note dans un journal réactionnaire n'est point à dédaigner. M. Cladel, après le 4 septembre 1870, ne se souciait point de faire partie de la garde nationale ; il demanda une place à ses amis politiques ; on le mit à l'Assistance publique, et dans ce poste peu fatigant, il passa le temps du siége. Il ne se montra point au 31 octobre, ne fit pas de bruit le 21 janvier. Un jour de février tout était calme sur la place de l'Hôtel-de-Ville, lorsque les factionnaires aperçurent un grand diable d'homme sortant de l'hôtel de l'administration des hôpitaux, qui traversait la chaussée en agitant les bras et les jambes et criant comme un sourd, avec un fort accent méridional : *Ils ont capitoulé! les misérables! ils ont capitoulé!* On arrêta cet énergumène qui n'était autre que M. Cladel. Il s'était bien gardé de se montrer pendant le siége, mais il voulait faire une petite protestation sans courir aucun danger, et il choisissait le moment où la capitulation étant signée, on n'avait plus besoin des services de la garde nationale.

Cette histoire vraie ou fausse est dans tous les cas vraisemblable et elle a été racontée par un ami de M. Léon Cladel.

M. François Coppée, un des jeunes poëtes édités par M. Lemerre, obtint rapidement une grande célébrité. Ses ouvrages se vendaient peu, malgré leur valeur littéraire. Le *Passant*, joué à l'Odéon, eut un immense succès, et M. Coppée devint quelqu'un ; ses poésies se vendirent à des milliers d'exemplaires et depuis, ce succès ne s'est pas arrêté. Quelques pièces qui n'ont pas tout à fait réussi au théâtre, n'ont point éloigné le public de M. Coppée.

Plusieurs jours avant la première représentation du *Passant*, l'auteur se rendit chez MM. Michel Lévy, pour leur proposer d'imprimer sa pièce. Il fut reçu par M. Noël Parfait, chargé à cette époque des relations de la maison Lévy avec les écrivains. M. Parfait écoutait le poëte lui expliquant que sa pièce était d'un débutant, envers et jouée à l'Odéon.

— Voilà trois raisons pour que nous n'éditions pas votre œuvre, lui dit-il.

Le jeune écrivain partit, assez décontenancé, vit Lemerre qui envoya aussitôt le *Passant* à l'imprimerie. Tous les critiques comblèrent d'éloges la pièce et ses interprètes, la foule accourut à l'Odéon et M. Parfait écrivit à M. Coppée qu'on était disposé à éditer son œuvre, mais il était trop tard.

Employé d'abord au ministère de la guerre, l'auteur du *Passant*, grâce à une haute protection, passa à la bibliothèque du Sénat. Cette nouvelle fonction convenait mieux à ses goûts et lui permettait de consacrer plus de temps à ses travaux poétiques. Il est actuellement archiviste-bibliothécaire de la Comédie-Française.

Grand, la figure encadrée d'une barbe noire, M. de Hérédia possède une voix qui résonne comme une trompette du jugement dernier. Né dans une des colonies de l'Espagne en Amérique, il est devenu un littérateur distingué et écrit notre langue avec une grande pureté. Il est aussi poëte de talent. M. de Hérédia poëte et M. de Hérédia que les électeurs parisiens ont envoyé siéger au Conseil municipal, sont deux personnalités différentes.

A propos de sa voix formidable, M. Gabriel Marc, dans les triolets sur l'entresol du Parnasse dit :

> Tout tremble : c'est Hérédia
> A la voix farouche et vibrante,
> Qu'en vain Barbey parodia.
> Tout tremble : c'est Hérédia,
> Hérédia qu'incendia
> Un rayon de mil-huit-cent-trente !
> Tout tremble : c'est Hérédia
> A la voix farouche et vibrante.

M. de Hérédia est grand amateur de beaux livres, connaît parfaitement les éditions anciennes et modernes et pourrait donner des leçons à plus d'un bouquiniste.

Fils du général de Ricard, aide-de-camp du prince Jérôme, ancien roi de Wesphalie, M. Louis-Xavier de Ricard est poëte et radical en politique. Sous l'Empire, il fonda la *Revue du Progrès* qui fut supprimée. Il écrivit dans différents journaux. Après la conclusion de la paix, il partit pour Montpellier rédiger un journal républicain avancé. Il travaille à une *Histoire du Languedoc*.

M. Auguste Villiers de l'Ile-Adam porte un des plus beaux noms de France et il y tient. Il a intenté un procès à un auteur dramatique qui, dans une pièce, avait donné un rôle odieux à un de ses ancêtres.

Habitant Lyon, M. Joséphin Soulary ne fait que de rares apparitions à la librairie Lemerre. Sa compatriote, madame Louisa Sieffert, fait aussi des vers, mais ils ne valent point ceux de M. Soulary. M. André Theuriet est un des poëtes les plus remarquables de la génération actuelle; son talent est souple et gracieux. Né en Lorraine, il aime son pays et dans ses romans comme dans ses vers, il décrit admirablement les paysages de cette province si belle et si riche, aujourd'hui démembrée.

M. André Lemoyne a aussi fréquenté la librairie Lemerre. Tout l'entourage de M. Victor Hugo, MM. Meurice, Auguste Vacquerie, quelques rédacteurs du *Rappel*, entr'autres M. Ernest d'Hervilly, qui signe un *Passant*, y font de fréquentes apparitions. Nous citerons encore M. Paul de Musset, M. Jules de Goncourt, M. Adolphe Racot, Dancourt de la *Gazette de France*.

Le peintre Jules Breton, qui rime également, fréquente les poëtes ses confrères; Eugène Fromentin a publié chez Lemerre deux ouvrages: *Une année dans le Sahel* et *Un été dans le Sahara*. Ce grand artiste est mort en 1876. Un homme d'esprit, très-paradoxal, qui intéressait par sa conversation, M. Toussenel, faisait de longues stations à la librairie. Fourriériste convaincu, quand il enfourchait son dada, il n'admettait pas la discussion sur ce point.

M. de Mahy pose pour l'homme sérieux ; il raconte comme vraies les bourdes que lui ont débitées ses anciens collègues à la chambre. Il représente dignement les nègres de l'île de la Réunion qui l'ont élu député ; l'intelligence du mandataire est au niveau de celle des mandants.

Un des habitués les plus ennuyeux de la librairie Lemerre, était M. Charles Romey, auteur d'une histoire d'Espagne et de quelques autres ouvrages parfaitement oubliés. M. Romey racontait sans cesse ses débuts dans les journaux et la terreur que ses articles inspiraient aux ministres de la Restauration. Il prétendait que M. Villemain l'avait forcé d'accepter la décoration de la Légion d'honneur.

Ayant toujours dans ses poches des articles manuscrits, il voulait les lire à ceux qui se trouvaient avec lui; il fallait déployer des trésors d'éloquence pour démontrer à ce littérateur que ses articles auraient bien plus de sel imprimés que manuscrits. M. Romey avec son article de

Damoclès était devenu la terreur des parnassiens.

Talent médiocre et vanité très-grande, il mourut presque subitement, dans le modeste logement qu'il habitait à Vaugirard.

M. Garnier-Pagès, la tête disparaissant presque entièrement dans son monumental faux-col, racontait des histoires du temps de Louis-Philippe et de la deuxième république. Il a toujours eu des amis parmi ses adversaires politiques et disait bien haut que quand il avait un service à demander il s'était toujours adressé à eux, certain d'avance qu'il ne serait pas refusé. Les jeunes républicains — et ils sont nombreux — qui fréquentent la librairie Lemerre, débitent sur M. Garnier-Pagès des plaisanteries qui ne sont pas toutes marquées au coin de l'esprit. Nous citerons les deux moins mauvaises :

Un jour le membre du gouvernement provisoire de 1848, discutait avec son gendre, M. Dréo. Ce dernier, paraît-il, se montra un peu vif et son beau-père exaspéré finit par lui dire :

— Songez mon gendre, que vous parlez à un homme qui a occupé la place de Louis XIV !

M. Dréo fut presque foudroyé du coup.

Une autre fois M. Garnier-Pagès causait de la Commune avec un partisan de l'empire.

— Ce sont les bonapartistes et les royalistes qui ont fait le coup, s'écriait le vétéran de la démocratie. Ah! si j'avais été là, ils n'auraient point osé bouger.

— Mais pourquoi n'êtes-vous pas comme moi, resté à Paris, cela eut évité bien des malheurs?

— Si j'étais resté, ils m'auraient fusillé!

Le docteur Belliol est un ultra conservateur, aussi les habitués de la librairie l'ont-ils surnommé le docteur *Réac*. M. Ledrain un savant hébraïsant; M. Dillaye, qui a écrit la préface des romans de Voltaire publiés par Lemerre; M. Jules Clère, un ancien rédacteur du *National*, M. Cressonnois, M. Saint-Amé, sont des familiers de la librairie du passage Choiseul.

Finissons en disant qu'en 1876, M. Lemerre s'est rendu acquéreur de la maison de campagne du célèbre peintre Corot, à Ville-d'Avray. Cette maison, habitée pendant plus de trente ans par l'artiste, avait été l'objet de tous ses soins; il l'avait meublée et ornée à sa fantaisie. A sa mort, ses héritiers se partagèrent les meubles et mirent en vente la propriété qu'acheta M. Lemerre.

Dans un salon en rotonde, ombragé de grands arbres, Corot avait peint à fresques six panneaux. Ces peintures, datant de 1854 ou 1855, étaient ternies et on les distinguait à peine, à cause du peu de lumière qui pénétrait dans la pièce. Le nouveau propriétaire les fit nettoyer, un artiste habile enleva ces plâtres peints et, à force d'habileté et de patience, arriva à les replacer sur toile et à les transformer en six superbes Corot, première manière.

Ces fresques payèrent, à peu de chose près, la maison et le parc, et les poëtes mécontents ne manquèrent pas de dire que c'était à eux que M. Lemerre devait cette maison entourée d'un parc superbe.

LVII

JOUAUST.

En quelques années la typographie française a fait des progrès merveilleux. Nous avons parlé des charmantes éditions de Lemerre; M. Jouaust est à la fois imprimeur et éditeur, les amateurs de beaux livres recherchent ceux qui sortent de ses presses.

A côté du luxe des caractères qui est le pendant de la valeur du texte, il faut, pour remettre au jour d'anciennes éditions, des hommes spéciaux qui se chargent de la rédaction des préfaces, des notices, en un mot de tout ce qui peut accroître l'intérêt. Ce sont des bibliothécaires connaissant à fond nos richesses littéraires, des professeurs et des élèves de l'École des Chartes habitués à la lecture de la langue française depuis sa formation jusqu'à nos jours, de véritables lettrés qui seuls peuvent mener à bien une entreprise aussi considérable que l'impression de certains ouvrages.

Puis il y a les publications illustrées d'un nombre plus ou moins grand d'eaux-fortes. La librairie Jouaust est donc tout naturellement un centre où se rencontrent gens de lettres et artistes. Nous citerons : M. Paul Lacroix, de la bibliothèque de l'Arsenal ; M. Paul Chéron, de la *Bibliothèque Nationale*; M. Georges d'Heilly ; M. Louis Lacour, ancien bibliothécaire de Sainte-Geneviève ; M. A. de Montaiglon, de l'École des Chartes ; M. Prosper Blanchemain ; M. Francisque Sarcey, le critique théâtral du *Temps* ; M. Victor Fournel, un fin lettré ; M. Paul Albert, maître de conférences à l'École Normale ; M. Eugène Asse, rédacteur du *Moniteur Universel ;* MM. de Lescure ; M. Ch. Read ; M. G. Franceschi, etc.

Parmi les artistes on remarque MM. Mouilleron, Flameng, Émile Lévy, Laguillenie, Gancherel, Hédouin, Las Rios, Giacomelli, Le Rat et beaucoup d'autres.

Les principales collections de la librairie Jouaust sont : les *Classiques* et les *Conteurs français*; les *Petits chefs-d'œuvre ;* le *Cabinet du Bibliophile ;* la *Nouvelle bibliothèque classique ;* les *Petits classiques*; la *Petite bibliothèque artistique ;* la *Collection bijou* et beaucoup d'éditions originales et de grandes publications artistiques.

Sous le titre *Comédiens et Comédiennes,* M. Sarcey publie des notices sur les artistes des théâtres parisiens. Naturellement il a débuté par la *Comédie-Française,* et il a fait des mécontents. La moindre critique produit de l'effet sur ce monde si pointilleux, et du plus petit à celui qui occupe le rang le plus élevé, chaque artiste est convaincu qu'il est parfait. C'est un travers qu'il faut leur passer.

Vers 1867 une association littéraire s'était créé sous le titre d'*Académie des Bibliophiles ;* elle avait sa librairie rue de la Bourse, mais ses membres se réunissaient à l'Institut, dans le cabinet de M. Cocheris. Cette société comptait parmi ses fondateurs, MM. Paul Chéron, Cocheris, Jules Cousin, T. Delore, E. Gallichon, Pierre Jannet,

L. Lacour, Lorédan Larchey, A. de Montaiglon, Charles Read, le baron de Watteville. Le nombre des livres rares réimprimés par les soins de ses membres était déjà important lorsque la guerre éclata. Ses membres se dispersèrent. M. Gallichon, directeur de la *Gazette des Beaux-Arts*, M. Pierre Jannet, fondateur de la belle collection Jannet (1), sont morts ; M. Lacour, devenu M. Lacour de la Pijardière, est archiviste du département de l'Hérault ; M. Delore s'est occupé d'affaires industrielles.

La *Librairie des bibliophiles* a été annexée à la maison Jouaust.

Un recueil intéressant, la *Gazette Anecdotique*, dirigée par M. Georges d'Heilly, paraît deux fois par mois. Cette revue a été fondée par M. Jouaust.

Disons que l'habile éditeur dont nous parlons est un érudit et que plusieurs préfaces et beaucoup de notes de ses livres sont de lui. Il est décoré de la Légion d'honneur.

Un des employés de la librairie, M. Jean Signaux est aussi un écrivain. Il a publié un volume de nouvelles : *Madeleine*, et le récit d'un *Voyage à la mer Morte*.

(1) Cette collection a été reprise et continuée par M. Paul Daffis.

LVIII

OLMER.

Nous ne pouvons mieux terminer notre série qu'en donnant quelques détails sur la librairie qui publie le présent ouvrage. M. Olmer ne continue pas une tradition, il la crée. D'abord caissier à l'*Univers*, il quitta cette position pour fonder une librairie rue des Saints-Pères tout près des bureaux du journal de M. Veuillot.

Le titre de *Librairie de l'Univers* avait un inconvénient, c'était s'obliger d'avance à ne publier que des volumes revêtus de l'estampille de la feuille catholique dont il avait pris le nom. Il quitta la rue des Saints-Pères, alla s'installer rue Bonaparte et mit simplement son nom sur ses publications. Hachette, Didot, Palmé, Rothschild, Lemerre, Michel Lévy et beaucoup d'autres éditeurs justement célèbres étaient des exemples bons à imiter, pourquoi M. Olmer ferait-il autrement qu'eux et dissimulerait-il son nom derrière une étiquette?

Ayant commencé la publication d'une série de petites brochures sur l'histoire de France, brochures destinées à être répandues dans le public pour rétablir la vérité des faits historiques, si outrageusement violée par les écrivains radicaux, M. Olmer abandonna cette collection pour éditer des ouvrages plus importants.

Il fonda un journal hebdomadaire, le *Foyer*, qui eut un succès rapide. M. Charles Buet est le rédacteur en chef de ce *magazine* qui publie des romans, des nouvelles, des récits de voyages, etc.

M. Buet est savoyard et aime profondément son pays natal. Auteur d'un assez grand nombre de romans historiques fort intéressants, c'est en Savoie que vivent ses personnages, c'est en Savoie qu'ils sont nés, ils sont savoyards jusque dans leurs défauts. Dans le *Crime de Maltaverne*, M. Charles

Buet parle d'une tombe qui se trouve dans un cimetière de village et cite l'inscription gravée sur cette pierre funéraire. Naturellement ce récit est une pure fiction. Mais un des lecteurs du *Foyer*, maire du village cité, prit la chose au sérieux, courut au cimetière, enleva la mousse, les herbes parasites qui cachaient les vieilles pierres tombales et ne trouva rien. Il écrivit les détails de sa découverte au directeur du *Foyer* et déclara qu'il se désabonnait parce qu'on s'était moqué de lui. Ce désabonnement n'arrêta point, constatons-le, le succès du journal.

La collection de romans de la librairie Olmer compte déjà un nombre important de volumes.

Nous avons parlé dans les articles sur Dentu et Lemerre des fameux escaliers d'une étroitesse exagérée que les écrivains devaient grimper pour arriver auprès des éditeurs. Existe-t-il un fabricant spécial d'escalier pour libraires qui fait tout en un modèle unique ? on pourrait le croire. Pour atteindre le cabinet de M. Olmer il faut se risquer dans une cage étroite et quelque peu sombre. Mais les amoureux de publicité, ceux qui veulent voir leur nom imprimé, grimperaient à une échelle de corde pour causer avec un éditeur.

LIX

LES LIBRAIRES DES QUAIS.

Du pont Saint-Michel au pont Royal, presque tous les rez-de-chaussée des maisons en bordure sur les quais des Grands-Augustins, de Conti, Malaquais et Voltaire sont occupés par des boutiques de libraires. C'est là que sont entassés les livres anciens et modernes, c'est dans ces magasins que les amateurs trouvent les éditions rares, complètent des exemplaires dépareillés.

Quelques-unes de ces librairies ne vendent que des livres spéciaux, publications historiques faites en province, sciences, histoire ancienne, blason, etc. Dans ces dépôts tout a de l'importance à cause du caprice des amateurs. Un vieux catalogue de la maison Hachette a des acheteurs ; les anciens volumes in-8° des cabinets de lecture ont leur prix, et des collectionneurs mettent leur amour-propre dans la possession de toutes les éditions de formats divers, des livres d'auteurs ayant une certaine notoriété.

Sur le quai des Grands-Augustins un marchand vend des livres au kilo. C'est quatre sous les deux livres. On peut se faire peser à part de l'histoire, de la morale, du théâtre, du roman. On fait un choix, le tout est mis sur un des plateaux de la balance, on fait le poids avec une petite brochure. Avec cent kilogrammes de littérature choisie on a un commencement de bibliothèque.

Autrefois, les bibliophiles trouvaient dans les boutiques des quais des livres rares, des gravures qu'ils achetaient à très-bon compte ; mais les libraires sont devenus connaisseurs, ils savent le prix des bouquins et les font payer ce qu'ils valent. Ces marchands se fournissent aux ventes de bibliothèques qui ont lieu à la salle Sylvestre et achètent aux particuliers des lots plus ou moins considérables de volumes.

Beaucoup d'écrivains se croient obligés d'envoyer leurs ouvrages à certaines hautes personnalités de la politique ou de la littérature. Les victimes de ces envois ne les lisent pas ; une fois ou deux par an, elles font appeler un libraire du quai qui enlève les livres, les paye ou en donne d'autres en échange. Si M. Victor Hugo avait conservé tous les volumes qu'il a reçus, une maison de six étages ne suffirait pas pour les loger. M. Thiers se se rait trouvé dans le même cas. Les critiques littéraires reçoivent tous les jours des ouvrages pour en rendre compte, ce sont d'excellentes relations pour les marchands des quais qui font avec eux d'excellentes affaires.

Quand un ouvrage est épuisé chez l'éditeur, on en trouve des exemplaires chez les libraires dont nous parlons, mais ils les font payer cher. Sans parler des belles éditions de Lemerre qui atteignent des prix très-élevés, nous citerons deux petits volumes de Privat d'Anglemont, *Paris Anecdote* et *Paris Inconnu* qui, publiés à un franc, tombèrent à cinq sous, puis avec le temps ils disparurent de la circulation.

Alors, des amateurs les recherchèrent, et les bouquinistes vendirent jusqu'à dix francs et plus chacun de ces volumes. Il en est de même des ouvrages d'Alfred Delvau, qui sont fort recherchés.

Les libraires des quais ont des clients dont ils connaissent les goûts et ils mettent de côté les livres préférés par chacun d'eux. Quant aux volumes communs, romans d'auteurs peu connus, livres de débutants littéraires, brochures, collections de feuilletons, journaux illustrés, livraisons de revues, on les trouve dans les boîtes qui recouvrent les parapets. C'est là qu'on trouve encore à compléter des ouvrages dépareillés, que l'on rencontre de vieux journaux intéressants pour ceux qui s'occupent d'une époque ; on met aussi la main sur des numéros de revues qui ont disparu — nous ne voulons pas citer de noms — ou qui vivent encore, comme la *Revue des Deux-Mondes,* la *Revue Britannique,* la *Revue de France,* le *Correspondant,* la *Revue du Monde catholique* et plusieurs autres plus ou moins importantes.

Tous les articles publiés dans les revues ne paraissent pas toujours en volumes ; quelques-uns intéressent une certaine catégorie de lecteurs ; souvent c'est la famille même qui réunit les publications où un membre qu'elle a perdu a écrit.

S'il nous fallait citer toutes les librairies importantes des quais, depuis Dumoulin, près du pont Saint-Michel, jusqu'à Beauvais, presque en face du pont Royal, en passant par Legoubin, Raphaël Simon, Delaroque, Henri Vaton, etc., cette liste n'intéresserait que médiocrement les lecteurs; mais disons que le chiffre de leurs affaires dépasse trois millions de francs. C'est une belle somme sur laquelle ils se partagent de beaux bénéfices, dont les écrivains doivent être fiers, car c'est à eux que le papier imprimé doit le prix élevé qu'il atteint souvent. Aussi, comprenons-nous la réponse que s'attira un libraire des quais, ancien pensionnaire de la maison centrale de Loos. Cet individu, qui a disparu de la circulation, disait à son secrétaire, écrivain érudit, que « sans les libraires, les gens de lettres crèveraient de faim ! » Le secrétaire répliqua que sans les gens de lettres, qui avaient fourni le moyen de noircir le papier rangé en volumes sur ses rayons, il ne serait point libraire; qu'il devait aux littérateurs le luxe dont il s'entourait.

L'ex-détenu ne trouva rien à répondre.

Une promenade du pont Saint-Michel au pont Royal est une des plus intéressantes. Non-seulement il y a les étalages des librairies avec leurs livres variés, mais on voit aussi les magasins de vieilles faïences, de gravures; les marchands de tableaux; les boutiques où l'on voit étalés des bijoux anciens dont la vue fait tressaillir les collectionneurs. La porte d'entrée du *Moniteur universel* est un petit musée où sont exposés, à côté de *la Mosaïque* et du *Monde illustré*, les superbes produits de la photochromie, qui représentent, de la façon la plus exacte, les merveilles d'orfévrerie que contiennent nos musées.

TABLE DES MATIÈRES.

—

I.	— Considérations générales. Les journaux français et anglais...............	5
II.	— Renseignements fournis aux journaux par la préfecture de police et le ministère de l'intérieur..............	9
III.	— La division de la Presse au ministère de l'intérieur......................	19
	Les Journaux......................	23
IV.	— L'Officiel........................	23
V.	— La Gazette de France...............	29
VI.	— La Société de publications périodiques.	33
	Le Moniteur Universel...............	33
	Le Petit Moniteur......	39
	La Petite Presse...................	40
VII.	— Les journaux réunis................	45
	Le Constitutionnel.................	45
	Le Pays........................	52
VIII.	— Le Figaro........................	59
IX.	— Les trois journaux.................	67
	La Patrie.......................	67
	Paris-Journal	71
	Le Soir.........................	74
X.	— Le Journal des Débats...............	77
XI.	— La Liberté.......................	83

XII.	— L'Univers	87
XIII.	— L'Estafette	91
XIV.	— Le Temps	97
XV.	— L'Évènement	99
XVI.	— La France	103
XVII.	— L'Union	111
XVIII.	— Le Rappel	113
XIX.	— Le Soleil	116
XX.	— La Défense	125
XXI.	— Le Siècle	129
XXII.	— Le Gaulois	133
XXIII.	— Le Monde	137
XXIV.	— La Presse	141
XXV.	— La République française et la Petite République	145
XXVI.	— Le National et le petit National	149
XXVII.	— Le XIXe siècle	153
XXVIII.	— L'Ordre	157
XXIX.	— Le Français	159
XXX.	— Le Télégraphe	161
XXXI.	— Le Voltaire	163
XXXII.	— La Marseillaise	165
XXXIII.	— L'Assemblée Nationale	167
XXXIV.	— Le Messager de Paris	169
XXXV.	— Paris Capitale	171
XXXVI.	— Gazette des Etrangers	173
XXXVII.	— Le Mémorial Diplomatique	175
XXXVIII.	— Le Petit Journal	177
XXXIX.	— Le Petit Caporal	180
XL.	— La France nouvelle	183
XLI.	— Le Nouveau journal	185
XLII.	— Le Petit Parisien	187
XLIII.	— La Lanterne	191
XLIV.	— Le Charivari	195

XLV. —	Les Grandes librairies..............	197
XLVI. —	Firmin Didot......................	201
XLVII. —	Hachette.........................	211
XLVIII. —	Furne et Jouvet...................	221
XLIX. —	La librairie nouvelle..............	229
L. —	Palmé............................	245
LI. —	Plon..............................	253

LES LIBRAIRES BONAPARTISTES.

LII. —	Pick..............................	261
	Emile Lachaud...................	265
LIII. —	Dentu............................	269
LIV. —	Charpentier......................	293

LES LIBRAIRIES RÉPUBLICAINES.

LV. —	Lacroix et Verbœckhowen..........	299
	Le Chevalier.....................	303
	Victor Poupin....................	305
LVI. —	Lemerre..........................	309
LVII. —	Jouaust..........................	337
LVIII. —	Olmer............................	341
LIX. —	Les libraires des quais............	345

991. — Abbeville. — Typ. et stér. Gustave Retaux.

A LA MÊME LIBRAIRIE

HISTOIRE POPULAIRE

DE LA

RÉVOLUTION FRANÇAISE

PAR

A. RASTOUL.

Un beau et très-fort volume in-12 avec couverture illustrée en 2 couleurs.
Prix . . . . 3 fr. 50

Un nouvel ouvrage vient de paraître qui certainement fera bondir d'indignation les âmes perverses, et réjouira ceux qui aiment la vérité. C'est une histoire populaire de la Révolution française que M. A. Rastoul vient de mener à bonne fin.

Nous sommes débordés par les apologies des crimes et des hommes de cette époque néfaste. D'innombrables écrits sans compter les journaux ne cessent de glorifier cette période malheureuse de notre histoire. Reconnaissons hautement que les bons se réveillent et réagissent par des brochures et de nombreux écrits. Des ouvrages fort sérieux dont le succès est présent à l'esprit de tous ont jeté la lumière sur la Révolution, mais il n'existait pas encore une histoire complète, saine et vraie, et qui fût d'un prix minime.

Nous avons donc à féliciter M. Rastoul d'avoir comblé cette lacune fort regrettable, et non-seulement l'auteur de cette *Histoire populaire de la Révolution* a comblé une lacune, mais son livre est écrit de main de maître. Quels sont donc les aperçus nouveaux que M. Rastoul a découverts? Aucun. Il s'est contenté de retracer les faits, et ce n'était pas une minime tâche que de condenser en un seul volume l'histoire de la Révolution. Il fallait un esprit clair, net, droit et ferme pour ne pas se laisser entraîner par la multiplicité des faits. Du reste la préface où l'auteur expose modestement son plan est le meilleur éloge que nous puissions donner à ce livre.

« Pourquoi une histoire populaire de la Révolution française, alors que déjà il existe tant d'histoires de la Révolution? La réponse sera courte.

« En effet, il existe de nombreuses histoires de la Révolution, qui, du reste, n'empêchent pas d'en publier chaque année de nouvelles; mais ces histoires, généralement très étendues, rebutent beaucoup de lecteurs par leur longueur. De plus, trop souvent ce sont non des histoires impartiales, mais des apologies. Les uns, à l'exemple de MM. Thiers et Mignet, présentent la Révolution comme une crise fatale, dont personne ne pouvait empêcher les excès, et qui était nécessaire pour les progrès de la France et de l'humanité tout entière; cette théorie, sans glorifier les crimes, excuse au moins les coupables qui ne sont plus que des agents irresponsables et inconscients de la fatalité. Les autres, comme MM. Quinet, Michelet, Louis Blanc, font l'apologie, sinon des hommes, au moins des doctrines de la Révolution. D'autres enfin, plus logiques ou plus hardis, comme M. Esquiros, glorifient hautement et les choses et les hommes de la Révolution; l'immonde Marat lui-même a trouvé des panégyristes, et tout récemment l'anniversaire de la proclamation de la République a servi de prétexte à la glorification de la période de la Révolution comprise entre le 22 septembre 1792 et le 9 thermidor, c'est-à-dire de la Terreur.

« A ces dangereuses histoires, nous voulons opposer un simple exposé des faits, raconter impartialement ce qui s'est passé. Sans nous interdire à l'occasion une rapide appréciation des faits, nous laisserons généralement au lecteur le soin de juger, lorsque nous lui aurons mis sous les yeux les pièces du procès. Notre impartialité n'ira pas cependant jusqu'à tenir la balance égale entre le mal et le bien, entre les assassins et les victimes ; ce ne serait pas là de l'impartialité, mais une désertion de la cause de la vérité.

« Comprenant les inconvénients des histoires trop étendues, qui ne s'adressent qu'à la catégorie restreinte des lecteurs ayant du loisir, nous avons cherché à être aussi bref que possible sans cependant omettre rien d'important. Il en résultera peut-être une certaine sécheresse à cause de la multiplicité des faits sur lesquels nous serons obligé de passer rapidement ; mais cet inconvénient sera amplement compensé par l'avantage de réunir en un seul volume un récit suffisamment complet de la Révolution.

« La plupart des historiens de cette période de notre histoire arrêtent leur récit au 18 brumaire ; nous n'avons pas cru devoir les imiter, et nous avons consacré quelques pages au consulat. En lui-même et dégagé des événements que l'on verra, le 18 brumaire n'est qu'une date révolutionnaire, un coup d'État après d'autres ; pour lui donner sa signification contre-révolutionnaire, peut-être plus apparente que réelle, car le premier consul Bonaparte régularisa la Révolution plutôt qu'il ne la termina, il nous a paru nécessaire de rappeler les mesures réparatrices du gouvernement consulaire, et surtout le concordat qui, dans une certaine mesure, fermait la révolution ouverte par la constitution civile du clergé.

« En terminant cet avant-propos, nous répéterons cette phrase dont on a beaucoup abusé, mais que nous pouvons redire en toute vérité : « Ceci est un livre de bonne foi. »

En terminant ce court aperçu, nous devons faire remarquer que cet ouvrage est très-soigné au point de vue matériel.

Le papier est fort, et la couverture est une très-belle allégorie de la Révolution.

Au premier plan, la France en pleurs couverte d'un voile noir voit à ses pieds jetés dans la boue une croix pastorale, un missel, l'écusson royal et le drapeau ; une cornue brisée, un tableau éventré, une ruche renversée, un objet d'art, une ancre, etc., etc., tous les emblèmes de la religion, de la royauté, des arts, du commerce, du travail, de l'agriculture, de la science. Plus loin se dresse la sinistre guillotine en face du Temple.

Pour couronner le tout, un assignat fiché au mur ; un faisceau de licteurs surmonté du bonnet phrygien au coin d'une borne et la date horrible de 1793 émergeant de la fumée noire d'une torche.

Cette belle composition est à elle seule le résumé du livre.

Le succès de ce livre est certain ; il répond à un besoin, et si les gens du monde trouvent du charme dans la lecture de cet ouvrage, le paysan en tirera du profit. Toutes les bibliothèques s'enrichiront par l'acquisition de ce volume qui honore son auteur.

www.ingramcontent.com/pod-product-compliance
Lightning Source LLC
Chambersburg PA
CBHW050750170426
43202CB00013B/2364